異郷の人《ひ》間《と》味《み》

架橋する在日外国人

高賛侑
Ko Chanyu

東方出版

まえがき

人間って、みな同じだな――。

人間って、こんなに多様なのか――。

この二年間、各地の在日外国人を訪ね歩いてきた私の胸には、相反する二つの想いが錯綜しています。

私は一九九九年に毎日新聞阪神版「ひょうご随想」欄に寄稿して以来、長期連載を担当してきました。翌二〇〇〇年には「異郷暮らし（タヒャンサリ）」欄が設けられ、各分野で活躍している在日韓国・朝鮮人の人となりを隔週で大阪版と阪神版に書き続けました（『異郷暮らし――在日する韓国・朝鮮人の肖像』毎日新聞社と『ルポルタージュ　在日&在外コリアン』解放出版社に収録し刊行）。

四年間、七九人におよんだ取材過程で芽生えてきたのが「では、他の在日外国人はどんな暮らしをしているのだろう」という問題意識でした。

かつて在日外国人といえば、九割以上が韓国・朝鮮人でした。しかし時代の変遷と共に他の外国人が急増し、今や二百数十万人に達しています。

国際化の進展にともない、外国人はなくてはならない存在になりました。しかし他方では、外国人犯罪が過剰にクローズアップされるなど、誤ったイメージが流布されている実情を見逃すことはできません。

こうした問題は、世界各国から来日した、それぞれ異なる立場の人々を「在日外国人」という名称で一括りにするために派生するのではないか。ならば、外国人一人一人を個々の人間として見つめ直せば、違った視点からアプローチすることができるのではなかろうか、という関心が高まってきたのでした。

取材対象者の枠を全ての在日外国人に広げたい、という私の提案を毎日新聞社側は快諾して下さいました。タイトルも「異郷の人間味《ひとみ》」と変更した新連載は、大阪版と阪神版で二〇〇四年四月にスタートしました（〇五年四月以後は大阪版のみ。隔週日曜日掲載）。対象者を選ぶ基準は、定住外国人、および長期間の滞日外国人としました。

本書には第一回から二年間に掲載した五〇人の方々の記事が収録されています（文末の日付が掲載日）。国籍別（又は民族別）に分ければ、世界五大陸の二八カ国が網羅されています。

「これだけいろんな国の人をどうやって探し出したのか」と、よく質問されます。私自身、以前はもっぱら在日同胞社会にばかり関心を寄せていたため、他の外国人の知人はごく限られた人しかいませんでした。

しかし探せばいるものです。いや、私たちの身近にはたくさんの外国人がいるのに、目を向けようとしなかったことが不自然だったのです。人づて、マスコミ、インターネットなどを通じて情報を集めると、次々とユニークな外国人に出会うことができたのでした。

これらの人々はみな、同じ人間として、また同じ在日外国人としての共通点があります。と同時に、それぞれ異なる環境で生まれ育ち、異なる事情で日本に住むようになったという差異点もあります。

私は取材活動を進めながら、他国の人々の歴史や文化についてあまりにも無知だったことを思い知らされました。そして彼らの生き様を通じて多くのサプライズと感動をいただくことができました。

まずは知ることが第一歩です。読者の皆さんが在日外国人の実情に対する認識を深めるために、本書が入門書としてお役に立つことを願うものです。

※凡例

原稿や肩書きは原則的に毎日新聞掲載時のままとし、必要に応じて一部修正を加えた。掲載後に特に重要な出来事があった場合は「付記」をつけた。各人の国籍や民族は出身時を基本とし、必ずしも現在の国籍を示すものではない。

「大韓民国」、「朝鮮民主主義人民共和国」、「韓国人」、「朝鮮人」などの呼称については、朝鮮半島は一つという視点に立ちつつ適宜使い分けた。

異郷の人間味《ひとみ》　架橋する在日外国人

目次

第2章

学術・教育の現場から

第3章 共に生きる社会のために

第4章 遙かなる祖国を想う

第5章 国境を超える懸け橋として

第1章 多文化の創造

アントニオ・カマケ／ペルー
アンドレ・デュプレッシ／フランス
ウラディミール・スミコフスキー／ロシア
金昌幸／在日朝鮮人
胡紅侶／中国
龔林／中国
シルヴィオ・アマンシオ・デニス／ブラジル
ダイアン吉日／イギリス
バイマーヤンジン／チベット
李鴻儒／台湾

アントニオ・カマケ　ケルマントゥ代表／ペルー

舞台・路上でフォルクローレ もっとアンデス音楽広げたい

Profile●1975年ペルー生まれ。96年音楽大学時代にケルマントゥ結成。97年来日。各地で舞台公演やストリート・ライブ。テレビ、ラジオ出演多数。
Data●オフィスケルマントゥ=大阪市北区万歳町2-7寿ビル201。Tel 06-6316-7754。メール=keru@kerumantu.com。ホームページ=http://www.kerumantu.com。

あなたもどこかで見かけたことがあるのでは。ペルーの民族衣装を身にまとい、路上でアンデス音楽を奏でるグループを。私は梅田で初めて出くわし、激しく胸を揺すぶられた。ストリート・ライブでこれほどの演奏に出会えるとは！　以来、街角で遭遇するたびにずっと耳を傾けた。

南米の民族音楽「フォルクローレ」を歌い演奏するケルマントゥ。メンバーのアントニオ・カマケさん（二九）は一九七五年、ペルーのアレキパで生まれた。標高一五〇〇メートル。遙かにアンデス山脈を望む町で育った彼は、音楽家だった父の血を引き、幼いころから民族音楽が大好きだった。

「フォルクローレは、ゆっくりした曲は心を癒してくれるし、激しい曲はパワーをくれます。だから今でも人気があり、ぼくも中学生時代からグループを作ってよく演奏活動をしたものですよ」

本格的に学ぶため、音楽大学に進学。九六年に七人の友人と共にケルマントゥを結成した。路上やステージで演奏を行うたびにお祭りのような踊りの輪が広がった。その光景を見た日本人から声がかかった。東京のプロダクションに来ないかと。

三カ月間だけのつもりで、五人のメンバーが来日した。東京各地で演奏活動を行い、確かな反応を得たのだが、何かしら違和感をおぼえた。

「東京は人が多いし、みんな忙しそうで、冷たい感じがしました。国に帰ろうかと迷っていると、友人から、大阪には楽しい人がたくさんいると聞いて、やって

枚方市民会館大ホールでのコンサート（2004年）

来たんです」

九八年一月、夜行バスに乗って来阪。言葉も分からず、知人もいない地で、ストリート・ライブを始めた。するとワーッと人だかりができ、物珍しそうに写真やビデオを撮る人もいた。「うちでやってほしい」と申し出る人も現れた。

そんなころに出会った奥さん（峯松千夏さん）は、「初めて演奏を聞いたとき、すごいショックを受けて、それから何度も見に行きましたよ」と語る。ペルーで披露宴を行った日には、数百人の友達が駆けつけ、彼女いわく「一晩中歌ったり踊ったり、日本ではとても考えられないほど」の大にぎわいとなったそうである。

現在のメンバーは三人。ストリート・ライブは毎週三、四回で、行き先はその日の昼に集まってから決める。地方公演に行けば、しばらく滞在して路上に立つこともある。

悩みのタネは練習場の確保だった。

「家で練習すると、近所からうるさいと叱られるし。ペルーではむしろ喜んで、もっとやってくれと言われるんですがね」と苦笑いがこぼれる。

幸い、知人のカラオケボックスを借りることができ悩みは解消したが、日本とペルーの気質の違いが感じられるエピソードである。

優れた音楽性が知られるにつれて、テレビ・ラジオ出演やステージが増えてきた。私は一〇月（二〇〇四年）に住吉人権センターで催されたコンサートに出かけた。サンボーニャ（笛）、チャランゴ（弦楽器）、ボンボ（太鼓）など一人でいくつもの楽器を駆使する多彩なハーモニーに、会場はのっけから手拍子に包まれた。

特に私が好きなのは「コンドルは飛んで行く」だ。古い民謡をもとに、ペルーの作曲家ダニエル・ローレスがミュージカルの挿入歌として作曲。サイモン&ガーファンクルによって世界中に広がったこの名曲には、スペインによる圧政時代に鉱山で酷使された労働者たちの自由への渇望が込められており、体が震えるような感動にとらわれた。

ケルマントゥの四枚のCDには、アントニオさんが作詞作曲した曲も含まれている。「来年にはオリジナル曲だけを集めたアルバムを出したい。そしてアンデス音楽をもっと広げていきたい」という抱負のように、大いに全国を飛び回ってほしいものだ。アンデスの大空を自由に飛翔するコンドルのごとく。


（二〇〇四年一一月一四日）

◎付記　「BESTアルバム」三〇〇〇円。

アンドレ・デュプレッシ　画家／フランス

国際的に舞台広げる「鬼才」
湧き出るイメージのまま表現

Profile●1945年フランス生まれ。大学卒業後、スイスに移住しグラフィック・アートの仕事。20代にアジア各地を巡り、舞台美術や照明を担当。30歳で画家を志し旺盛な創作活動開始。86年来日し各地で個展。94年再来日し大阪を拠点に国際的な活動を展開。
Data●アトリエ=Tel 06-6375-0074。ホームページ=http://www.hexagone.jp 参照。

これは絵なのかコラージュなのか。アトリエの床に敷かれた大きな画布に、濡れた布が置かれていく。

「下書きはしない。作業しながら、自分の中に沸いてくるイメージのまま表現するんです」とアンドレ・デュプレッシさん（六〇）が語る。

そうか。たっぷりアクリルを染み込ませた布が除かれたとき、画布に残った色模様の上に絵が描かれていくのだ。寸暇を惜しむように、インタビューの間も手が止まることはない。

一九四五年、ジャーナリストの父とバイオリン演奏家の母の間にフランス・ディジョンで生まれた。国立大学で考古学と美術史を学び、美術専門学校にも通い、スイスに移住してグラフィック・アートの仕事もしたが、画家を志したわけではなかった。

二〇代のころ、ベトナム、韓国、中国などを転々とした。アフリカではパートナーのダンサーが出演する舞台の美術や照明を担当し、フランスに戻ってからは市営劇場で働いた。

そして三〇歳のときに画家になろうと決心したのは、「どこに行ってもできる仕事だから」だったという。小さな町で個展を開いて以後、たちまち鬼才ぶりを発揮していく。

八六年に初来日。理由は?と聞くと、「煙草を買うため」とジョークを飛ばすが、事実はジョークより傑作だ。「フランスを離れたくなり、地球儀を回して指で押さえた所が日本海だったから」だった。

京都、大阪に住んだ六年間に百貨店などで開いた個展は三〇回を超える。作品は大阪ヒルトンホテルをはじめ、各地の建物の壁を飾っていく。

九三年にはシャルレリー・ク

チュール（映画「チャオ・パンタン」等の音楽家）に誘われ、エイズ撲滅キャンペーンのパフォーマンスを行った。一時間半のコンサートの間に、舞台上で巨大な絵画を描いたのだ。作品はフランス、ベルギーの各地で巡回展示された。

彼は九四年に再来日して以後、大阪を拠点にしつつ、国際的な活動を進めている。絵画はもとより、テキスタイル（織物に描く絵画）、陶芸、オブジェにも領域を広げ、作品購入者には、歌手のエルトン・ジョンなど著名人も少なくない。

墨を使った作品が多く、「西洋と東洋の融合」と表現する評論家もいるが、本人は「特に日本のアートから影響を受けたものはない」と言い切る。「ただ、十数年間住んできたから、望むと望まざるとにかかわらず、東洋美術の影響が作品に反映されているかも知れないが」

一つ、愚問を投げかけてみた。作品を通じて何らかのテーマを追求しているのかと。彼は言った。「それは軍人に、なぜ戦争するのかと聞くようなものだ」

そもそも彼にとってテーマは存在しない。「テーマに束縛されれば、自由がなくなるから」である。「だからわたしのことをクレージーという人もいるが、自分ではクレージーとは思っていないよ」とニヤリと笑った。

今取り組んでいるのは、一一月（二〇〇五年）に開催される「第一二回大阪ヨーロッパ映画祭」（一九六頁参照）の一環として企画された彼の絵画展「映画祭・歴史絵巻」である。

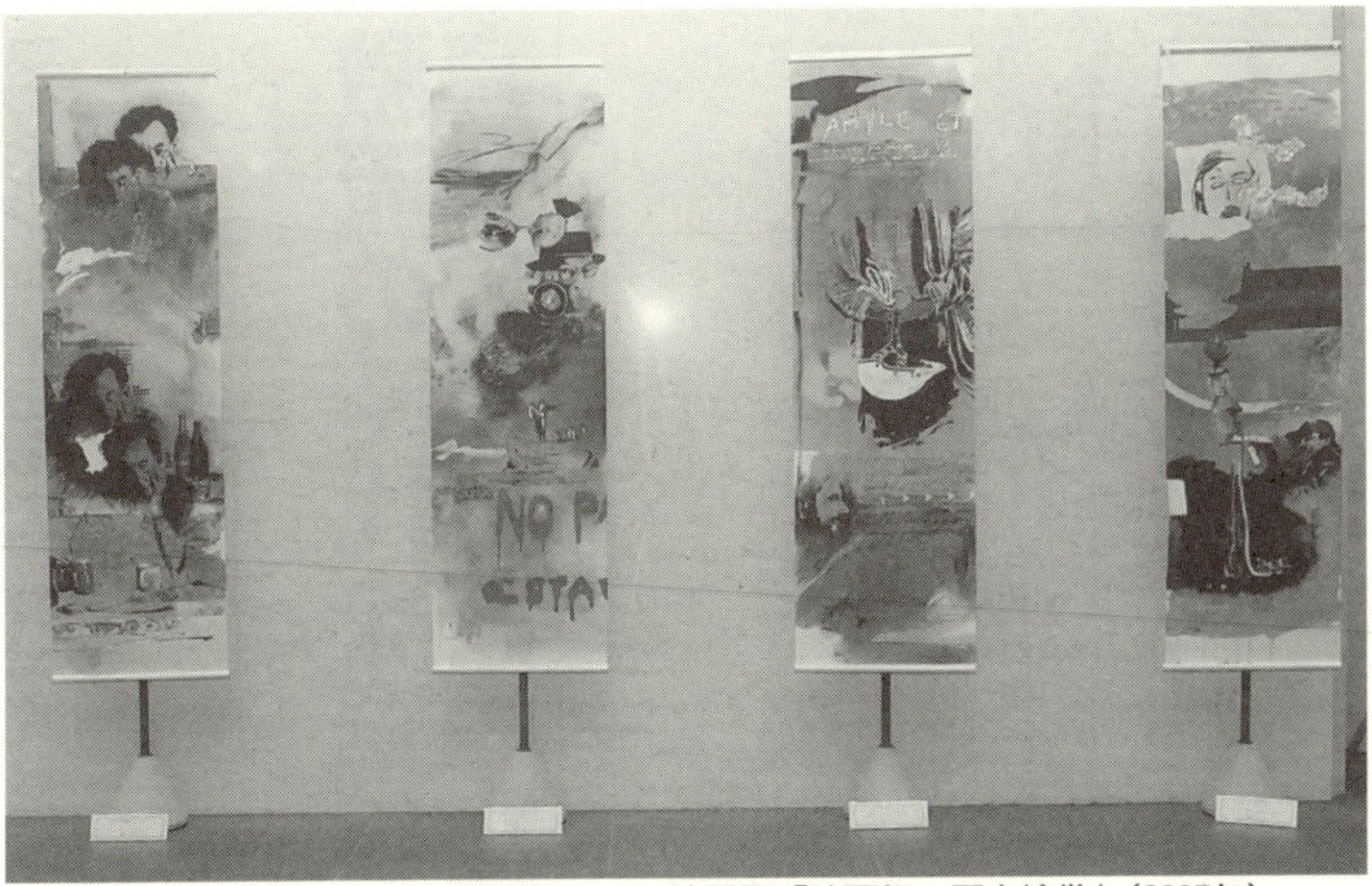
「第12回大阪ヨーロッパ映画祭」での絵画展「映画祭・歴史絵巻」(2005年)

映画祭では、海遊館ホールを中心に、映画塾、写真展、世界のＣＭフェスティバルなど多彩なイベントが催され、有名俳優や監督も来日する。

彼が描くのは、名優ジャック・ペラン(「ニュー・シネマ・パラダイス」の映画監督役)をはじめ、歴代名誉委員長のポートレート一二点、および彼自身が最もインスパイアー(鼓舞)された上映映画をイメージ化したパノラマ様の絵画二点(一・五メートル×一二メートル)である。

展示場の堂島アバンザエントランスホールが作品群によってどのように変貌するか。そこで「アンドレの世界」に浸り、何を感じるのかはあなたの自由だ。

(二〇〇五年一一月六日)

ウラディミール・スミコフスキー

ビオラ奏者／ロシア

激流の時代を乗り越えて
音楽家がたどった光と影

Profile●1957年旧ソ連・ウクライナ生まれ。8歳から音楽学校でバイオリンを学び、ビオラに転向。国立芸術院卒業後、国立交響楽団員。91年ウクライナ独立後、モスクワ室内管弦楽団。93年来日し大阪シンフォニカー交響楽団員。

Data●大阪シンフォニカー交響楽団=大阪府堺市堺区北花田口町3-1-15。Tel 072-226-5533。ホームページ=http://www.sym.jp。

今年（二〇〇五年）四月、大阪シンフォニカー交響楽団がザ・シンフォニー・ホールで第一〇〇回定期演奏会を行った。創団二五周年。大阪府知事賞、大阪文化祭本賞など高い評価を受けてきた楽団がこの日に選んだ曲は、「苦難を乗り越えて、天空へ」を人生目標としたブラームスの「交響曲第一番」。

観客を魅了する演奏で、ビオラ首席奏者を勤めたのはロシア人のウラディミール・スミコフスキーさん（四八）である。「日本人は音楽に対する考え方が真面目なので、仕事がやりやすく、楽団には本当に感謝しています」と、つたない日本語で語る。

一九五七年、旧ソ連時代のウクライナで生まれた。美しい黒海の畔で育った彼は、幼いころから歌が大好きで、少年合唱団に入団。八歳から音楽学校でバイオリンを始めた後、ビオラに転向したのは、「やわらかくて奥深い音色に魅せられた」からだった。

「日本に来てびっくりしたのは、音楽学校がないことです。ソ連では才能のある子は、小さいころからプロを目指して音楽学校に通い、厳しくハイレベルな指導を受けることができましたから」

しかし豊かな才能を伸ばしてきた彼の半生は、決して平坦な道のりではなかった。

七〇年代、旧ソ連ではリヒテルなどの天才が次々と現れ、若い音楽家の競争は異常なほど激烈だった。猛練習に没頭していた彼は、突如「職業病」に襲われた。両腕に激痛が走り、鉛筆さえ持ち上げられなくなったのだ。医師に「職業を変えなければならない」と宣告され恐怖におののいた。八方手を尽くし、ようやく絶望から救い

大阪シンフォニカー交響楽団演奏会

出してくれたのはマッサージ師だった。

彼は国立芸術院卒業後、国立交響楽団員に抜擢され、国内全土からヨーロッパ各国まで演奏旅行に出かけた。

そんなある日、悲報が届いた。

八六年四月、世界を震撼させたチェルノブイリ原発事故がウクライナで発生した。原子炉が爆発し、大量の放射能が放出されたのだ。政府は事故処理のため、六〇～八〇万人もの作業員を送り込んだ。

「父は放射能の怖さも何も知らされずに現地に送られました。任務が終わって二カ月後、久しぶりにわたしに会いに来るために乗った寝台列車の中でポックリ死んだんです。でも当時は、とても真相を突き止めることなどできませんでした」

八〇年代後半からペレストロイカ（改革）が進行するにつれて、体制の矛盾が露呈されていった。九一年、ウクライナは独立を宣言。それを契機に旧ソ連全体の亀裂が拡大し、ついに年末に崩壊した。

翌年、彼はモスクワ室内管弦楽団に移ったが、「店に物がなく、食べ物も手に入らない暗い時代で、とても人々がコンサートに出かける雰囲気ではなくなっていました」。ちょうどその時期、急成長期に入った大阪シンフォニカー交響楽団に招かれ、九三年九月に入団することができたのだった。

翌月、初の定期演奏会を迎えた。演目は、ロシアが産んだ偉大な作曲家ショスタコーヴィッチの「交響曲第五番」。

「ショスタコーヴィッチはスターリン時代に大きなプレッシャーをかけられましたが、友人に『手を切られたら、ペンを口にくわえてでも音楽を書く』と言ったそうです。日本での初舞台が彼の作品だったので、感無量でしたね」

以来、年間八〇回以上の舞台に上ってきた。国内外の名指揮者との出会い、文化庁の国際芸術交流支援事業としてヨーロッパやベトナムで行った公演など、思い出は尽きない。

一方、彼は「音楽に興味を持つ人々の助けになりたい」と、子どもやアマチュア演奏家たちの指導にもボランティアで協力している。

私は以前、数奇な運命を辿った高麗人（旧ソ連在住コリアン）の取材に行った体験がある。それだけに一層、彼の生の光と影に心を引かれたことだった。

（二〇〇五年七月三一日）

金昌幸《キムチャンヘン》　エンターテイナー／在日朝鮮人

神"技"で世界大会連続優勝 超有名人らが絶賛の拍手

Profile●1985年京都府生まれ。中学2年でジャグリングを志す。2000年パフォーマンス世界最高峰の大会EOTYに出場しアジア人初の優勝。04年大会にも出場し連続優勝。国際的エンターテイナーとして世界各国で公演。
Data●ホームページ=http://www.kimchanghaeng.com。

すごい男がいたもんだ。パフォーマンス世界最高峰の大会ＥＯＴＹ（エンターテイナー・オブ・ザ・イヤー）で二回優勝。神業的なパフォーマンスに、あのトム・クルーズ、スティーブン・スピルバーグ監督、タイガー・ウッズらが絶賛の拍手を送った男。彼、金昌幸《キムチャンヘン》さんは今年（二〇〇六年）成人式を迎えたばかりの在日朝鮮人三世である。

一九八五年、強制立ち退き問題が進行中のウトロ（京都府宇治市）で生まれた彼は、「小さいころからジャッキー・チェンやＪリーグの盧廷潤《ノジョンユン》に憧れていたので、母親から『あんた、日本人ちゃうで』と言われたときはすごくうれしかった」という。

中学二年の春休み、何気なく母に買ってもらった一本のビデオテープが運命を決定づけた。ジャグリング界のカリスマ、アンソニー・ガットーがEOTY九〇年でチャンピオンになった映像だった。

「涙が出て止まらなくて、こういう人になろうと思ったんです。人間にはいろんな道がある。努力すれば認められ、舞台で観客の生《なま》の拍手を受けることができるんだと」

猛練習が始まった。ヨーヨー、リング、ディアボロ（空中独楽）などを上下左右に両手で操る。休みの日には一〇時間以上。本に載っていた技の数々を一カ月でマスターし、さらに

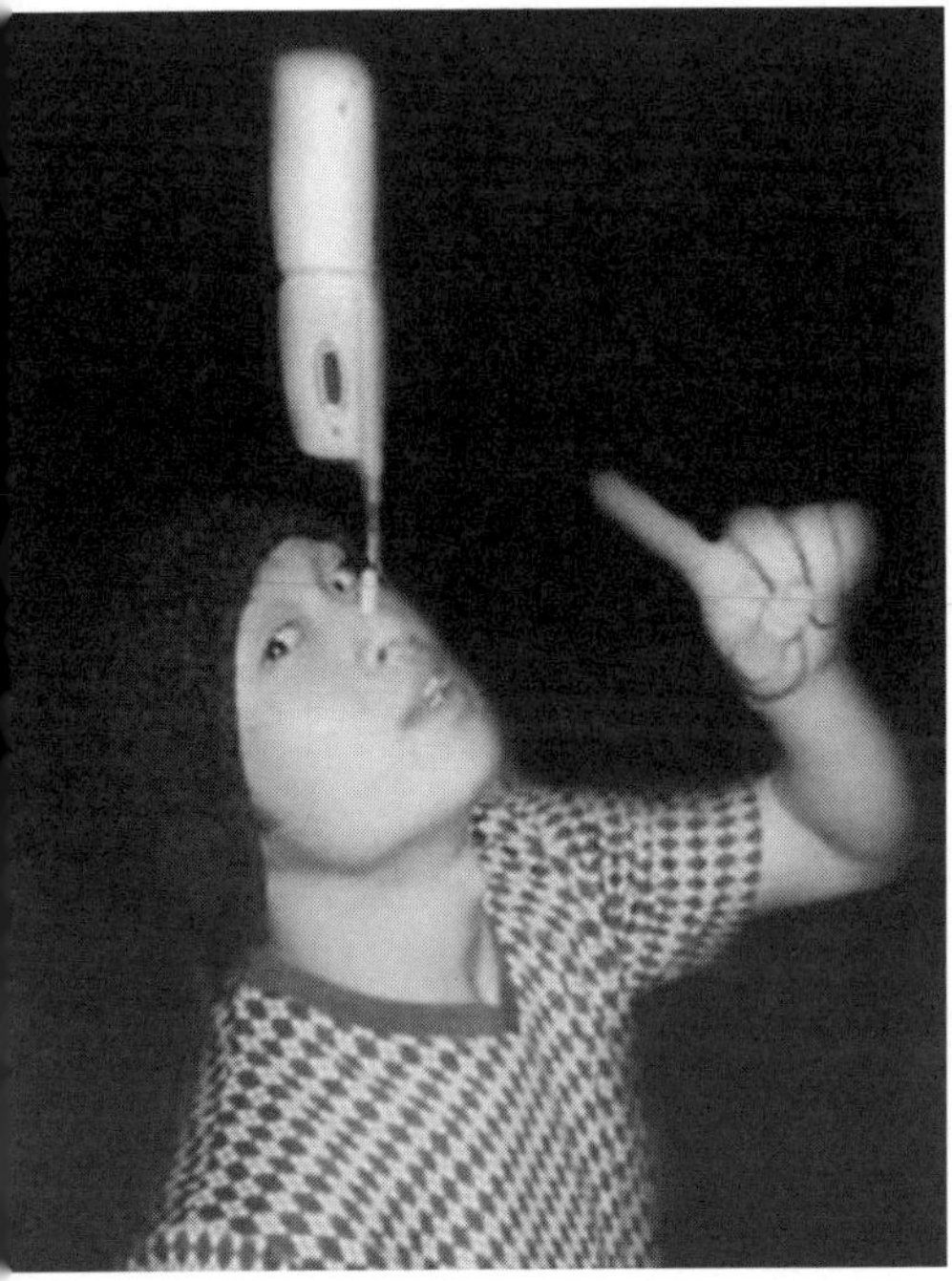

新しい技を編み出した。靴には鉛を入れ、毎日腕立て伏せ二〇〇回一〇セットをこなした。

それからわずか一年後。EOTY二〇〇〇年大会出場を決意し、単身米国フロリダ州に向かった。参加者は一一〇〇組。スーツ姿の一流たちが次々と演技をする中、彼はジャージ姿で舞台に立った。客席から笑いが起こった。

「普通は正装して、ゆっくりした曲で一本ずつ技を決めていくんですが、そこに目をつけて、人と反対のことをしようと思ったんです。速い曲で、最後まで技を止めない。すると笑いがだんだん手拍子に変わっていきました」

その結果、弱冠一四歳にして、アジア人には不可能と言われた頂点に立った。審査委員のガットーから金メダルを授与され感動に震えた。

それだけではない。ＥＯＴＹは毎年開催されるが、四年毎に出場することにし、〇四年モントリオール大会に参加した。そして今度は三五〇〇組を制して連続優勝を果たした。ＥＯＴＹに刻まれた三回連続優勝記録に王手を掛けたのである。

日本ではパフォーマンスの評価が極度に低いが、欧米では最高級のエンターテインメントとして賞賛される。彼は国内外の一流会場に招かれ、超有名人たちが駆けつける。

ところで私が彼を初めて見たのは昨年一一月、京都朝鮮第二初級学校創立四〇周年記念式典の仮設舞台だった。

目まぐるしく動く両手と共に七つのボールが空中を舞う。あ、一つ落としたと思うと、足先で拾ってポンと上へ上げる。三つのディアボロが生き物のように飛び交う（三個を扱えるのは世界で彼一人）。お次は軽快なブレイクダンス。昔、器械体操を経験した私は、片手倒立を軽々とやってのけるのを見て度肝を抜かれた。

俗っぽい問いだが、世界的名手がなぜ片田舎の舞台に？

京都朝鮮第２初級学校創立40周年記念式典にて（2005年）

「人が楽しんでくれるんなら、お城の女王の前であろうと、地蔵盆であろうと、場所は関係ありません」と言い切る彼の手が目に入った。両親指は黒く変形し、すさまじい練習の跡を示していた。

「ライブは自分が一番輝ける場」と素直に語る彼は、以前「ミスター・マシュー」と名乗っていたが、昨年から本名で通すことにした。

「前にＣＭの話が来たとき、在日と分かった途端断られたことがありました。国のことでバッシングするのはおかしいですよ。ぼくが本名でやれば、自分だけの名誉じゃなく、そういう社会を変えるのにプラスになると思いますから」

人間は努力すれば神業をも得ることができることを証明した彼に心からエールを送りたい。

（二〇〇六年一月一五日）

胡紅侶《こころ》

舞踊家／中国

舞踊はわたしの命
中国各地の民族舞踊を舞う

Profile●中国生まれ。1985年小学5年で広東省舞踊劇団入団後、北京舞踊学院入学。諸大会で優勝。89年来日。91年流通科学大学卒。99年初リサイタル。よみうり神戸文化センター講師。02年第2回リサイタル後、神戸学院大学附属高校で中国舞踊指導。

Data●kokoro 舞踊研究室=神戸市中央区栄町通1-2-10 読売神戸ビル7F。Tel 078-382-0213。ホームページ=http://www.arp-w.com/kokoro.htm。

幕が上がると、幻想的な白銀の世界。白い布が織りなすヒマラヤ山脈の彼方にそびえるチョモランマ。白雪が乱舞するような群舞の中で、胡紅侶《こころ》さんは大自然を崇敬するチベット民族舞踊を舞う。

昨年（二〇〇四年）一〇月、NHK大阪ホールで催されたリサイタル。続いて中国古典舞踊、漢族、モンゴル族、ウィグル族、朝鮮族などの舞踊が次々と披露されるたびに、一四〇〇人の観客は割れんばかりの拍手を送った。全演目を踊り抜いた胡紅侶さんは「舞踊はわたしの命」と語る。

中国広東省で医師の両親のもとに生まれ、赤ちゃんのころから音楽が鳴れば踊り出した。保育園でバレエを習い始め、小学五年のときに、ぜひ中国舞踊を習いたいと両親に打ち明けたのだが。

「猛反対されました。両親は踊りなんか不良のすることと思っていましたから。わたしは三日間、ご飯も食べずに泣き続けました」

八五年、想いかなって同省の舞踊劇団に入った後、北京舞踊学院に入学、古典舞踊と中国各民族舞踊を習った。中国では漢民族の他に五五の少数民族が暮らしており、独自の言語や文化を保持している。民族舞踊の種類は、漢族に一万四二九一、少数民族に三三四五もあるという。

全寮制の学院では、朝から夕方まで舞踊の稽古が続き、夜に一般教育を受ける。一つの舞踊をマスターするだけでも困難なのに、毎日異なる民族舞踊を習うのは大変なことだと思うのだが。

「民族舞踊にはそれぞれ特徴が

ありますが、共通点をつかめば覚えやすいし、一つの舞踊だけを習うより相乗効果が出てくるんです」

各地で公演を行い、数々の大会で優勝するほど才能を発揮した。が、舞踊で立身できるほど現実は甘くない。

八九年、一度外国に行ってみたいという好奇心から来日し、日本語学校に通った。が、授業やバイトのストレスからたちまち精神的に落ち込んだ。そのため習い始めたモダンダンスやジャズダンスが唯一の慰めだった。

二年後、「ビジネスをやろう」と流通科学大学に入学し、卒業後は商社に就職した。しかしどうしても舞踊への想いを断ち切られなかった。

「自分はつくづく金銭感覚が薄いと思いましたね。たまにイベントに呼ばれて踊ると、皆さんが喜んでくれます。それでもっと踊りが好きになり、もうお金はなくてもいい、精神的に豊かになれたらいいいと、会社を辞めたんです」

九九年、決意も新たに兵庫県民小劇場で初のリサイタルを行った。たった一人の舞台に、立ち見の出るほどの人々が詰めかけた。大喝采を浴びながら、プロとして生きていく決心がふつふつと込み上げた。

以後、各地のイベントやチャリティーコンサートなどに出演する一方、よみうり神戸文化センターの講師も勤めた。〇二年に神戸文化ホールで第二回リサイタルを開いたときには、ファンによる実行委員会が支援してくれた。またこの公演をきっかけに、神戸学院大学附属高校の総合学習で中国舞踊を指導することになった。そして昨年、NHK大阪ホールの大舞台での第三回リサイタルを成功させるに至ったのである。

彼女にとって、来日後、毎年中国に帰り、主要な少数民族の居住地を全て巡った体験、ニューヨークに二度渡り、モダンダンスやジャズダンスを学んだ体験がどれほどプラスになったか計り知れない。

「舞踊は万国共通の言語ですし、人々の生活や文化を体験しないと内面的なものを表現することができません。わたしはいろんな先生からいろんな舞踊を学ぶことができ、両親やファンの皆さんが支えて下さったので、本当に感謝しています」と語る彼女は、「次は京都、東京など全国でリサイタルをしたい」と意欲を燃やす。

タイ民族舞踊「孔雀の魂」

一つの肉体に多彩な文化を吸収し形象化する彼女の舞踊は、人間に秘められた輝かしい可能性を表出してくれている、と私は思う。

（二〇〇五年二月二〇日）

◎付記　二〇〇五年愛知万博で公演。同年京都会館で胡紅侶リサイタル（実行委員会主催。KBS京都・国際交流基金京都支部共催）。

龔林《コンリン》

オーケストラ華夏《ホアシャ》芸術総監督・指揮／中国

東洋芸術をアジアへ、世界へ音楽のシルクロードを拓く

Profile●上海生まれ。上海音楽院、同大学院で作曲と指揮を学んだ後、専任講師。1992年阪大留学。同大学院で博士号取得。97年オーケストラ華夏結成。98年夏音楽院開設。2002年オリエント管弦楽団創立。03年京都華楽団創立。04年オリエント楽友ホール開設。

Data●コンリン音楽事務所=大阪市北区中津7-4-5。Tel 06-6452-0982。ホームページ=http：//www.gonglin.com。

大阪に日本で、いや世界で唯一の楽団がある。オーケストラ華夏《ホアシャ》。中国民族楽器の楽団は本場中国などに数々あれど、団員全員が日本人、しかもオーケストラの現代編成で一般市民による楽団となると前例がない。

芸術総監督で指揮者の龔林《コンリン》さんは「日本の地で、中国音楽を、さらに邦楽なども融合させながら、〝東洋の芸術〟をアジアに、世界に広めていくのがわたしの理念です」と熱っぽく語る。

上海生まれの彼は、幼いころから二胡に夢中になり、中学二年で国立歌舞劇院に入学し

た。

時あたかも文化大革命の嵐が吹き荒れた時代に、文工団に入り全国を回った。文革に対する評価はともかく、子どもだった彼にとって「農村や工場に行って演奏をするのは、とてもやりがいがあった」という。

文革終結後、上海音楽院、同大学院で作曲と指揮を学んだ後、専任講師を勤める。この間、演奏と作曲の各種コンクールで入賞を果たした。

一九九二年、民族音楽学をより深く研究するため大阪大学に留学し、同大学院で文学博士号を取得した。そして九七年の卒業と同時に結成したのがオーケストラ華夏だった。

「民族音楽を研究する過程で、東洋と西洋の音楽は共通点がありながらも、全く違うものであることを知りました。今世界は、西洋音楽が圧倒していますが、わたしは新しい東洋音楽を開拓したかったんです」

「夏《か》」は殷より前に存在した中国最古の王朝であり、遺跡から宮廷音楽団の楽器が発掘された。中国民族楽器は数千年の伝統を継承し、西洋音楽にも多大な影響を与えてきた。その中国音楽を広く普及したいという夢に向かって第一歩を踏み出したのである。

翌年には華夏音楽学院を開設し、演奏活動と演奏者の育成を本格化していった。そんな彼のもとに中国・文化部から思いがけない知らせが届いた。建国五〇周年記念北京公演への招待状だった。

九九年九月、文部大臣をはじめ一五〇〇人の観客を前に、一〇〇人編成の演奏を二時間にわたって行った。沸き上がるスタンディング・オベーションを浴びながら、団員たちは感激に胸を震わせた。

二〇〇二年、「新たなる音楽のシルクロードを拓く」という願いを込めて、日本の楽器も取り入れた「オリエント管弦楽団」が創立された。第一線で活躍するプロ三〇人による楽団の旗揚げだった。

アンサンブルなど様々な構成で、日本各地や香港、シンガポールで行ってきた公演は年間一〇〇回を超える。時には中国の名演奏家をゲストに招き、ロマンに満ちた公演で観客を魅了する。

龔さんの創造力は飽くことを知らない。〇三年には京都市民による二胡類中心の「京都華楽団」を創立。また昨年には演奏会の練習や受講生に対するレッスンの場となるオリエント

楽友ホールを開設した。

ホールには遠く四国や静岡から通う人もいる。ここで育った一五人がヤマハなどのカルチャーセンターの二胡講師になり、七人がより高いレベルを目指して中国国立音楽大学に入学した。

彼は「皆さんの熱心な努力に感動しながら、一緒に新しい音楽文化を創るため、今後は楽団と学院の両方にもっと力を入れていく」という構想を抱いている。その目標は、中国楽器だけでなく、日本や朝鮮半島なども含めた総合的な東洋楽器の交響楽団に発展させることである。

日本には、各国の優れた民族音楽家たちが少なからず居住している。彼らの才能を結集すれば、前例のない東洋音楽の拠点ができるだろう。まさに「在日」という立場を生かした、日本人と在日外国人の共生楽団が登場するのだ。

「音楽のシルクロード」という夢に向かって、我こそはと思う方はぜひ名乗りを挙げてみてはいかが。


（二〇〇五年一〇月九日）

シルヴィオ・アマンシオ・デニス

カポエィラ準師範／ブラジル

黒人奴隷が創った文化「原点」忘れず普及したい

Profile●1974年ブラジル生まれ。13歳でカポエィラ専門学校に入学し18歳で師範の資格取得。94年来日。肉体労働しながら各地で指導。外国でもパフォーマンスを行う。2002年京都で「カイス・ド・マール」発足。

Data●カイス・ド・マール=info@caisdo-mar.net。ホームページ=http : //www.caisdomar.net。

これはまた何とユニークなスポーツ（?）だ。カポエィラなるものを初めて見た私は呆気にとられた。指導者のシルヴィオ・アマンシオ・デニスさん（三一）がビリンバウ（弦楽器）を弾き歌をうたい始めると、円陣を組んだ青年たちが二人ずつ交替で立ち上がり、次々と技を繰り出していく。

流れるような動作を何と表現すればいいのやら。流麗な太極拳と、力強い空手と、ダイナミックな器械体操をミックスしたみたいとでも言おうか。円運動を中心に、攻撃と防御が反復されるが、決して相手に触れることはない。シルヴィオさんはズバリひと言で言ってのけた。「猫のように身軽に、鳥のように自由にやるのがカポエィラです」と。

一九七四年、ブラジルの大都市サンパウロで生まれた彼は、七歳のとき、近所にできたジムで見てたちまち虜になった。一三歳からカポエィラの専門学校に入り、自力で授業料を稼ぎながら、「カポエィラだけのために生きていた」というほど全身全霊を打ち込んだ。

一八歳で連盟から師範としての資格を獲得。恩師から、どこかで指導者になるよう勧められたとき、日系ブラジル人の妻が「日本に行ったらどう」と言ったのが転機となり、九四年に夫婦で愛媛県に渡ってきた。

とはいえいくら達人といえども、日本では無名の人。肉体労働に従事しながら、胸を焦がしていると、新渡日のブラジル人から誘われるようになり、福島、群馬、大阪へと転々としながら指導を行った。ユネスコのイベントに協力したり、フィリピンやウルグアイなどに出かけてパフォーマンスを演じたこともある。

そして二〇〇二年、京都で「カイス・ド・マール」(海の港)を発足した。この名称には、「昔、アフリカから黒人が船で連行され、港に降ろされた歴史の原点」という彼の想いが込められている。

実はカポエィラは、黒人奴隷によって創り出されたアフロ(アフリカ系)・ブラジル文化の典型なのである。

一五世紀以来、ブラジルにはアフリカから大量の奴隷が連行されてきた。平均余命一〇年というほど過酷な労働を強いられた彼らは、わずかな休み時間に仲間と遊ぶため、また主人の虐待から身を守るためカポエィラを始めた。傍目にはダンスのように見えた。

だが一五世紀末、二万五〇〇〇人の奴隷が反乱を起こしキロンボ(逃亡奴隷の隠れ家)に集結したときには、恐るべき格闘技として威力を発揮し、一〇〇年近くも「自由の王国」を守り抜いたのだった。

一八八八年、奴隷制は廃止されたが、黒人差別は改善されず、街に犯罪が蔓延したため、カポエィラは厳しく禁止された。しかし二〇世紀に入り、カポエィラをブラジルの国技として復活させる運動が起こった。特に六〇年代後半から都市で急速に広がり、今では世界各国に普及するに至っている。

カポエィラには際だった特徴がある。①音楽の伴奏と歌をともなう、②足技が中心で、逆立ちや宙返りといったアクロバットもある、③技を相手に当てず、むしろ技を止めるテクニックが評価される、④勝敗を決める試合形式がない。

すなわちアフリカの大地を連想させる音楽に合わせ、黒人奴隷の悲しみや怒りを喚起させつつも、相手に対して敬意を払い、自己の感情と技をコントロールする武術なのである。そのため子どもや女性、高齢者にも愛好者の輪が広がっている。

彼の夢は、「ブラジルといえばサッカー、サンバ、カーニバルしか知らない日本でカポエィラを広めること」だ。

世間にはとかく「勝ち組」「負け組」といった言葉が氾濫しているが、黒人の歴史を継承し、人間同士の信頼を尊重し、何より底抜けに楽しそうなカポエィラが学校や社会に普及することを願いたいものである。

（二〇〇五年一〇月二三日）

ダイアン吉日　英語落語家／イギリス

英語落語で爆笑を起こすギャグを考えるのが大好き

テケテンテン……お囃子にのって登場したのは、アララ、ハデな着物姿の外国人！　扇子片手に、お笑いを一席――。

青い目の青年が観光旅行にやって来た。女の子が遠慮がちに英語で話しかけてくる。「なに人ですか」「日本は好きですか」「何歳ですか」。ちょっと歩くとまた一人、同じことを聞いてきた。と、今度は酔っぱらいが声をかけてきたので、一気にまくしたてた。「わたしはイギリス人で、日本が大好きで、一九歳です」……ドッと爆笑が起こる。

外国人女性の英語落語家第一号、その名も「ダイアン吉日」（本名ダイアン・オレットさ

Profile●イギリス生まれ。グラフィックデザイナーとして働いた後、世界旅行。1990年来日。華道の師範の資格取得。故桂枝雀師匠のお茶子になったのをきっかけに英語落語家を志す。95年阪神大震災以後、バルーンも修得し、2002年天保山ワールドパフォーマンスフェスティバルで大阪市長賞。
Data●ホームページ=http：//www.diane-o.com。

んは、「落語は扇子と手拭いだけでシーンを作り出すので楽しい」と語る。昔、「変なガイジン」という言葉が流行ったが、まったく「変な」外国人がいたもんだ。

一九?・?年、イギリスはリバプール生まれ。ロンドンに出てグラフィックデザイナーになったが、「世界を見たい」と片道チケットで旅に出た。これまで遊びと仕事で行った国は二九カ国にのぼる。

九〇年に日本に寄ったのが人生の分かれ道に。友人に誘われて着物とお茶にのめり込み、やがて華道の師範の資格まで取った。

そのころ英語落語で話題沸騰中だった故桂枝雀師匠の英語の先生から電話が来た。
「師匠のお茶子になってほしいと言われて、着物姿で舞台に出ているうちに、落語が面白くてやってみたくなったんですよ。何でもやりたがる性格やから」
九八年から、本腰入れて英語落語道場に通い始めた。翌年、ワッ

ハ上方で初舞台を踏んだところ、「お客さんから偽者と見られないか心配やったけど、思ったよりうけたので、あ、笑ってると安心しました」。同年、アメリカツアーにも参加。落語など見たこともないアメリカ人たちが、軽妙なしゃべくりとアクションに笑い転げた。

それ以来、彼女は国内外の舞台や学校、おやこ劇場などに出演し、マスコミにも度々紹介される売れっ子となった。

「ギャグを考えるのが大好き。電車の中でもシャワーのときでも、アイディアが浮かんだらすぐメモします」という頑張り屋は、今は桂三枝師匠の指導を受けながら、古典や新作に取り組んでいる。

もう一つの特技はバルーン（風船）だ。阪神大震災復興支援公演で見たバルーンの芸に惚れ込んで、懸命に修得。二〇〇二年の天保山ワールドパフォーマンスフェスティバルでは見事大阪市長賞を獲得した。

数あるショーの中で、印象に残ったのは、と尋ねると、

「やっぱりハンディキャプトの施設でやると、胸がいっぱいになりますね。外に出られない子どもたちの所でやったときは、みんな大喜びで。たくさん送られてきた手紙を読むと、涙が止まりませんでした」

この八月（二〇〇五年）、大阪城公園で開催されたオーサカキングの会場で、大阪パフォーマー・ライセンス制度第二次公開オーディションが行われた。一定のレベルに達したパフォーマーにライセンスを与え、観光スポットや集客イベントで実演できる機会を提供するという主旨のもと、大阪市などが企画した初めての試みだ。

仮設舞台では、豊富なキャリアのダイアンさんから新人まで次々とお得意の芸が披露され、集まってきた人々からやんやの喝采を浴びていた。

「日本では大道芸はまだまだ珍しいものですね。イギリスなんかでは、街中でしょっちゅうやってます。ライセンス制度はいい面もマイナス面もあると思うけど、大道芸人にもお客さんにも喜ばれるようになってほしいですね」

各国の観光都市では、大道芸が大切な観光資源として根付いているのに比べ、日本でははるかに影が薄い。大阪も国際都市を目指すなら、どんどんパフォーマーを支援して欲しいものだ。ここで親父ギャグを一発。「ええセンスがなかったら、国際舞台から落伍しまっせ、市長さん」。お後が宜しいようで。


（二〇〇五年八月二八日）

バイマーヤンジン　声楽家／チベット

大地や水の音を出す歌声
チベットに小学校七校建設

Profile●中国・チベットのアムド地方生まれ。1988年国立四川省音楽大学卒業後、同校講師。94年来日。音大大学院研究生となった後、歌手活動。97年チベット学校建設推進協会発足。以後、チベットで小学校を7校建設。著書『こんにちはバイマーヤンジンです』。

Data●オフィスヤンジン=大阪府吹田市津雲台1-2-D９　南千里ビル３F。Tel 06-6871-5561。ホームページ=http://www 1.odn.ne.jp/ccb 79800。

平均標高四二〇〇メートル。草原のかなたに神々しくそびえるヒマラヤ山脈。「世界の屋根」と称される中国・チベットのアムド地方で少女は生を受けた。

チベットでは姓がなく、名前が「バイマーヤンジン」。「ハスの花に乗った音楽の神様」というその名に運命づけられたかのように、彼女は天性の声でうたい続ける。故郷の大自然と子どもらの笑顔に想いを馳せながら。

貧しい遊牧民の家庭で育った少女は民謡や舞踊が上手だった。一九八八年、高校の先生の勧めに従って国立四川省音楽大学に進学。そのとき初めてピアノを見たという少女は、西洋オペラのビデオに驚き、いつか自分も世界の舞台に立ちたいと憧れた。

「でもあのころは、他の民族の子から『野蛮』とか『バター臭い』とか言われて、劣等感にとらわれましてね」

卒業後、同校専任講師を勤めながら中国各地でコンサートを行っていたころ、四川大学に留学中だった齋藤秀樹さんと出会った。両親を六年越しで説得して結婚し、大阪に来たのは九四年のことだった。

アルバイトをしながら、もっと本格的にオペラを学ぼうと音大の大学院研究生になった。が、日本人学生と接しながら、違和感をおぼえた。彼らはオペラを堂々とうたうのに、なぜ自国の歌になると自信なさそうにうたうのかと。
「わたしもオペラばかりに必死になっている。自分の根をしっかり張らないと倒れてしまうのに。日本でわたしがうたわなければ、誰がチベットの歌をうたうのか

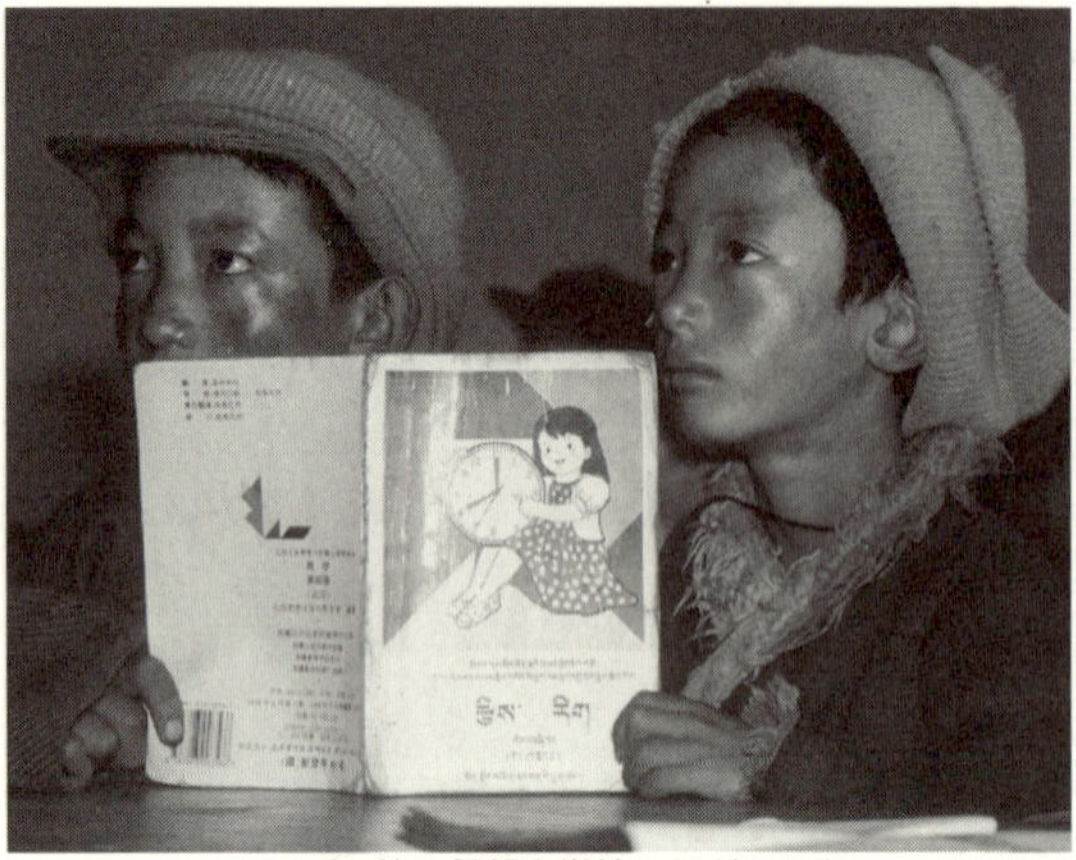

ヤンジン第２希望小学校の子どもたち

と、初めて原点に戻ることができたんです」

研究生を二年でやめ、独自の活動に乗り出していく。日本でただ一人のチベット人歌手として。やがて歌声に魅せられた人々の輪が広がり、アジア大会、済州島音楽祭、国連本部コンサートなど次々と舞台に立っていく。

とりわけ各地の学校でチベットの話や歌を披露する過程で、胸がうずき始めた。

「わたしの心にはいつもチベットがあります。良い物を見るとチベットに送りたくなる。何を送ろうかと考えた末、たどり着いたのが〝教育〟でした。田舎では学校に通えない子がたくさんいるんです」

九七年、夫と二人でチベット学校建設推進協会を発足。二年後に貯金をはたいて小学校を設立し、奨学金制度も設けた。その話がマスコミやコンサートを通じて知られるにつれて、多くの寄付が寄せられてきた。これまでに建てられた学校は七校にのぼり、一五〇〇人の子らが学んでいる。

「ほとんど全寮制で、馬に八時間乗って来る子もいます。授業を見ると、子どもたちの目が生き生きとしているし、本を読む大きな声が草原に響くんですよ。あれは希望の声です」

昨年（二〇〇三年）には、チベット雪蓮児童芸術団を日本に招き、小～大学で公演を行い暖かい拍手を浴びた。子どもらは何にでも素朴な興味を持ち、初めて海を見たときには大騒ぎになった。そして最も心に残ったのは、日本人家庭でホームスティしたことだったという。

彼女は昨年、講演をまとめた『こんにちはバイマーヤンジンです』（致知出版社）を出版した。チベット人の目で見た日本像がユーモアたっぷりに語られ、爆笑の渦と化した会場の様子がうかがえる。

また昨年、歌手の加藤登紀子さんがプロデュースした初のCDアルバム「チベットのこころ」も発売された。家族や自然をうたう民謡の数々に心が洗われるような清涼感が漂う。本とCDの収益は、次の目標である二校の建設資金に充てられる。

「自然の中で育ったのは、わたしの財産であり、心の泉です。チベットで生まれたからこそ、大地の音や水の音を出せる声帯をもらえたんです。これからも歌を通してチベットに恩返ししたい」

山好きな私にとっても憧れの地であるチベット。あの青々と澄み切った空の色を彼女の瞳の中に見た気がする。


（二〇〇四年六月六日）

◎付記　アルバム「チベットのこころ」二五〇〇円＋送料。

李《り》鴻《こう》儒《じゅ》　アジア文化芸術連盟代表／台湾

水墨画・太極拳・気功の達人
芸術文化と社会福祉をつなぐ

Profile●1953年台湾生まれ。81年来日。88年台湾東海大教員。91年再来日し阪大研究員。よみうり文化センター講師。台湾国立師範大客席教授。97年日本中国水墨画協会を発足し、2002年アジア文化芸術連盟に発展。04年「街かどデイハウスアートグループ錦生会」開設。
Data●アジア文化芸術連盟=大阪府河内長野市木戸町138-5。Tel 0721-56-2979。ホームページ=http://www 15.ocn.ne.jp/aca。

「奇跡」が起こったのはつい先日のことだ。七八歳の女性が「錦生会《きんしょう》」を訪ねてきた。ぎっくり腰のため、二〇年間杖なしで歩けず、正座もできない体。さわると、背骨がカチカチに固まっていた。

「亀のように」と、ゆっくり体を揺らし息を吐く動作を反復させた。すると背骨が動き始め、かかとが床についた。女性が「正座ができた！」と喜んだ瞬間、思わず自力で立ち上がっていた。信じがたい出来事に、本人も周りの人も共に歓喜の声を上げ、大粒の涙を流した。

「わたしも感動しました。人間は病気になると気力がなくなりますが、エネルギーはあります。気功によってイメージや集中力を動員すれば、体に隠されていた気を引き出すことができるんですよ」

そうにこやかに語る李鴻儒《りこうじゅ》さん（五二）は、NPO法人アジア文化芸術連盟代表であり、水墨画と太極拳、気功の達人である。

一九五三年、台湾生まれ。幼いころから伝統文化に魅せられ、中国武術と水墨画の修行を積んだ。全国一〇大傑出才芸青年大会銀賞など、国内外で数々の賞を受賞した。

八一年に大阪芸術大学に留学。日本画を学んだのは、中国で衰退した、水墨画の彩色技術が日本画に継承されていたからだという。

卒業後、京都芸術大学大学院に進んでから、毎朝長居公園で太極拳を始めた。やがて人々が集まり、二〇〇人にふくれ上がった。この日課は、現在（二〇〇五年）も弟子によって受け継がれてお

り、一日も欠かさず続けられている。

彼は八八年に台湾東海大学教員、九一年に再来日して大阪大学研究員になった時期から本格的な社会活動を行ってきた。よみうり文化センター講師を皮切りに、各地で教室を開講。台湾国立師範大学美術部客席教授となり、祖国にも出かけて教鞭をとる。

一方、九七年に発足させた日本中国水墨画協会は二〇〇二年にアジア文化芸術連盟に発展。高齢化の進む日本社会で水墨画と太極拳、気功を普及することによって、身体介護と精神介護、芸術文化と社会福祉をつなぐ活動を進めている。

彼自身だけでなく、弟子たちも講師を勤める教室は二十数カ所、受講生総数は五〇〇〇人にのぼる。昨年（二〇〇四年）には河内長野市の自宅に「街かどデイハウスアートグルメ錦生会」を開設し、地域に密着した福祉活動にも貢献する。

「教室は水墨画、太極拳、気功と分かれていますが、授業では三つとも教えています。原点はみな同じですから」

また同連盟は、世界各国で活躍する水墨画家たちの作品を展示するアジア水墨画交流展を毎年日本と台湾で催してきた。昨年の作品集には、陳水偏総統の書も寄せられた。

彼の創作活動の中で際だっているのは、音楽との共演だ。一昨年、一四〇〇人収容のホールで初の「静と動の出会いコンサート」が催された。ヴィヴァルディの「四季」などの弦楽演奏に合わせ、舞台奥いっぱいに広げられた二〇メートルのパネルに四季の絵が描かれていくと、観客はかつて経験したことのない深遠な世界に浸りきった。

「水墨画は音楽と同じで、リズムと一緒に筆が走るのです。だからわたしは水墨画を〝見える音楽〟と言っています」

昨年には、てんま天神梅まつりで和太鼓とのコラボレーションが行われ、紅梅・白梅の作品は天満宮に奉納された。今秋には海遊館一五周年記念イベントとして、八メートルのジンベエザメに挑む。

彼は「もしみんなが筆を鋤として用いたら、心の中の土地を開墾することができます」と語る。

中国数千年の歴史の中で育まれてきた水墨画、太極拳、気功。それらを一身に体得した彼の手による作品は、観る者の胸に染み入り、精神を癒してくれる。芸術の名の下に有象無象があふれる今日、真の芸術とは何かを改めて教えられた思いがする。

（二〇〇五年七月一七日）

第2章
学術・教育の現場から

アレクサンドル・ディボフスキー／ロシア
石黒マリーローズ／レバノン
クレオニセ・ゴエス・西／ブラジル
ゴードン・C・ムアンギ／ケニア
フランシスコ・マルティン・ディエス／スペイン
フリッツ・レオンハート／ドイツ
マノジュ・L・シュレスタ／ネパール
林同春／中国
リングホーファー・マンフレッド／オーストリア
レベッカ・ジェニスン／アメリカ国籍・京都住民
ロニー・アレキサンダー／アメリカ

アレクサンドル・ディボフスキー

大阪大学大学院教授／ロシア

ロシア映画の変遷を見つめて崩壊から再建へ明るい展望

Profile●1953年ロシア生まれ。極東国立大学卒業後、同大学で助教授。91年来日し関東国際高校講師。93年阪大講師に就任した後、現職。ロシア語、日ロの教育文化・映画文化等を研究。著書『会話で学ぶロシア語』(初級・中級編)。
Data●大阪大学=大阪府豊中市待兼山町1-8。Tel 06-6850-5944。

「『男はつらいよ』を一度テレビで見たら面白くなって四八作品全部見ましたよ」という話が出たので内心ホッとした。大阪大学大学院言語文化研究科教授という肩書きを見ると、話の糸口を探すのが大変だなと心配していたが、これじゃ映画好きの私ともウマが合いそうだ。

「寅さんを通じた日本文化に興味を持って大学の紀要に文章を書いたら、もうすぐロシアで出版されることになったんですよ」と語るアレクサンドル・ディボフスキーさん（五二）は、一九五三年にロシア極東のハバロフスクで生まれた。私は以前旧ソ連在住コリアン（高麗人）の取材で同地を訪問したことがあるので一層親近感をおぼえる。

友人に誘われウラジオストクの極東国立大学東洋学部日本語科に入学。その後、同大学で助教授を勧めていた九一年に関東国際高等学校のロシア語講師として来日。九三年に阪大講師に招かれてきて一三年になる。

当初はロシア語教育に専念していたが、次第に日ロの教育文化や映画文化の比較などに研究テーマを広げていく。

「授業では歌や映像、クイズなどを使いながら、学生自身がロシアについて学ぶ意欲を持つようにしてきました。マスコミはロシアといえばセンセーショナルな報道が多いのでイメージが悪いと思っていたんですが、アンケートを取るとそうでもなくて、好感を感じる国の一五位でした」
著書の『会話で学ぶロシア語』（初級・中級編。南雲堂）は、ロシアの現状や日常生活も写真入りで紹介していて、よく売れていると

のこと。

さて映画の話だが、かつて日本でも多数上映され、私も随分感動したロシア映画は、その後どうなったのだろう。

「ポスト・ソビエトの映画を何百本見ましたが、皮肉なことに自由に創作できるようになった九〇年代以後、かえって堕落して傑作が出なくなりました。むしろ社会主義リアリズムと非難された過去の作品を今見ると、人生や理想についてよく描いていて再評価する価値があります」

彼の論文によれば、旧ソ連では年間二〇〇〜三〇〇本製作され、大量生産の副産物として、タルコフスキーなどの監督が限られた自由の中で世界的な名作を生み出した。

ところが八六年にペレストロイカの幕が上がり、やがて旧ソ連が崩壊すると、文化全体に破局的な急変が起こった。国産映画は人気が急落し、犯罪者や売春婦などを主人公とする「チェルヌーハ」（現実をネガティブに描写する作品）に傾いていった。一方、年間一二〇本もの外国映画が氾濫し、暴力やポルノが映画・テレビ視聴者の日常のメニューになった。

「しかし二一世紀に入って良い作品が出てきました。映画界がやっと我に返って、社会にメッセージを発信し始めたんです」

九〇年代末期から映画流通の新システムが形成され、プーチン政権の登場以後は、穏健な権威主義のもとで映画製作体制の再建が進められているというのである。

「今後、ロシア映画の固有文化が生き続けることは疑いの余地がない」と語る彼は、今年度（二〇〇六年）の授業ではエイゼンシュタインの古典的名作「戦艦ポチョムキン」からミハルニコフの「シベリアの理髪師」までの名作群を鑑賞しながら学生たちとディスカッションしていくという。

実家の側の公園にて（ウラジオストク）

最後にロシアの現状について尋ねると、「故郷に帰ると、零下三五度の空気がなんと美味しいことかと感じます」と笑った後、こう続けた。

「前の体制が崩れて一五年ほど経ち、人々は新しい体制に慣れてきたようですが、一方では貧困層が増えたり暗い側面もあります。今後どういう方向に行くのか……」

光と影に満ちた超大国ロシアに対し、私たちはもっと関心を持たなければと思う。その一助として以前のようにロシア映画の上映が活発化することを望みたいものである。

（二〇〇六年二月一九日）

石黒マリーローズ 英知大学教授／レバノン

聖書を原点に西洋文化を理解 困ってる人に愛をあげたい

Profile●1943年レバノン生まれ。聖ヨセフ大学卒。73年来日。50数カ国を訪問し言語・社会学研究。83年レバノン文化教育センター設立。88年3Cクラブ発足。89年神戸国際交流賞。90年以後、米国の青少年刑務所等訪問。著書『キリスト教文化の常識』他多数。

Data●英知大学＝兵庫県尼崎市若王子2-18-1。Tel 06-6491-5000。ホームページ＝http://www.sapientia.ac.jp/eichi。

著書が売れている。『キリスト教文化の常識』（講談社）二三版。『キリスト教英語の常識』（同）七版。『聖書でわかる英語表現』（岩波新書）は今年のベストセラー……。聖書にまつわるカタイ本がなぜ？

「西洋文化にはキリスト教が深く関わっています。いくら英語を学んでも、聖書の内容を知らなければアンバランスなんです」と、著者の石黒マリーローズさん（六二）がにこやかに微笑む。

例えば、「good—by」の元の言葉は「God be with you」であり、

「holiday」の元の言葉は「holy day」だと、あなたはご存じでした?

また英語のマスコミや映画には、聖書から引用された表現が頻繁に用いられるが、単なる翻訳や字幕では真の意味が伝わらない事例が次々と紹介されていくので、大いに知的好奇心を刺激される。

こういう著書を書けるのは、彼女の人生そのものに要因があるのだろう。一九四三年、中東のレバノンで生まれ、敬虔なキリスト教徒として成長した。聖ヨセフ大学哲学科を卒業後、各国外交官などに語学や比較文化論を教授。レバノンに滞在していた日本人実業家と熱烈な恋に陥り、七三年に結婚した。

この間、世界五〇カ国を訪問して言語と社会学を研究。現在は日本で三大カトリック大学(男女共学)の一つの英知大学教授として言語やキリスト教文化、国際理解に関する講義を行っている。
「いつも困っている人に愛をあげたい」という彼女は八三年、芦

屋の自宅でレバノン文化教育センターを設立した。日本にいるレバノン人の生活相談に応じると共に、「レバノンのことを知らなかったり、誤ったイメージを持つ日本人が多いので、本当の姿を伝えたかったから」である。

レバノンは地中海に面し、数千年の歴史にわたってあらゆる人種や宗教が集まる「中東の鏡」「文明の十字路」と呼ばれてきた。

過去に何度も異民族の侵略を受けてきた同国は、四三年に独立を果たした。ところが七五年に同国内で外国勢力が入り交じる内戦が起こり、傷ついた首都ベイルートの惨状が世界に報道された。しかし九一年についに悲劇の幕は閉じられ、平和元年宣言が行われた。

「日本では難民問題などエキサイティングな報道ばかり強調されて、危険な国という印象を与えすぎてきました。本当はハワイのように美しく平和な国なんです」

私も著書『レバノン杉と桜』（廣済堂）を読んで、初めて同国の歴史や現状と、人々の心に触れることができた。

彼女はまた八八年には、3《スリー》Cクラブを立ち上げた。3Cとは、コミュニケーション（交流）、カルチャー（文化）、カレッジ（勇気）を指す。

「外国人には差別や国際結婚、DV（ドメスティック・ヴァイオレンス。家庭内暴力）などの問題で悩んでいる人が多いので、決してギブアップしないように勇気を与えたいんです」

こうした献身的な活動に対し、八九年に神戸国際交流賞が授与された。

米国の青少年刑務所（カリフォルニア州）

もう一つ、彼女にとって大切な体験は、九〇年以来、しばしば米国に行き、青少年刑務所や麻薬・アルコール中毒患者のリハビリセンターを訪問していることである。

「青少年の中にはブロークン家庭が多い。親から逃げるため家出をし、麻薬に汚され、盗みや殺人を犯してしまう。でも彼らの話を聞いてあげて、一緒にお祈りしたりすると、『話を聞いてくれてありがとう』という人や悔い改める人がたくさんいるので感動します」

私も大好きな名曲「アメージング・グレース」はＣＭなどにもよく使われるが、実は元奴隷商人だった男が改心し、牧師となって作った賛美歌である。迷える羊に無限の愛を与える神を信じ、ひたすら他者に愛情を注ぐ彼女の姿に、真のキリスト者を見た想いがする。

（二〇〇五年一一月二〇日）

◎付記　石黒さんの新しい著書『聖書で読むアメリカ』（ＰＨＰ新書）が二〇〇六年三月に出版された。

ポルトガル語が飛び交う学校
外国人の子の教育に支援を

クレオニセ・ゴエス・西

ブラジル人学校「ネクター」校長／ブラジル

Profile●1956年ブラジル生まれ。大学卒業後、教師。94年来日。96年から自宅で子どもにポルトガル語を教えたのを機にブラジル人学校「ネクター」設立。2001年ブラジル教育省の認可取得。
Data●エスコーラ・ネクター=愛知県豊田市亀首町町屋洞88-3。Tel 0565-46-1844。

子どもらの元気な声が響く。どこの学校に行っても見かける光景。ただ異なるのは、ここがブラジル人学校であり、飛び交う言語がポルトガル語だということだ。

名古屋駅から電車で四五分。名鉄浄水駅からさらにバスで二〇分ほど行くと、豊田市の広大な保見団地に着く。一万一〇〇〇人の居住者のうち、ブラジル人が三〇〇〇人を占める。その一角、数十坪のスペースに仕切りを設けた教室で子どもらが学ぶ。「エスコーラ（学校）・ネクター」という名称には、愛情をもって教育する、という意味が込められている。

校長のクレオニセ・ゴエス・西さんは一九五六年、ブラジルのリオデジャネイロ州で生まれた。大学卒業後、教師を勤めた後、日系のニシさんと結婚し、九四年に来日した。

「子どもを小学校に入れたんですが、日本語を知らなかったので初めのころは大変でした。そのうち反対に、ポルトガル語を忘れるようになったので、九六年にうちで教え始めたのがきっかけで、学校を作ることにしたんです」

九七年から本国と同じ教科書を使い、いろんな教科学習も開始。二〇〇一年にはブラジル教育省から学校としての認可も取得した。

現在（二〇〇四年）、児童生徒数はプレスクールから高校まで九四人、教員は一一人。六割の子は日本人学校と同校の両方に、本国への帰国を前提とする子は同校だけに通う。保護者の大半はトヨタの下請け、孫請け工場で働く。

「以前は、団地内でも学校に行かない子が少なくなかったんですが、最近はずいぶん減りました」

と語る彼女に、お子さんとは何語で会話を?と尋ねると、「ポルトガル語と日本語の両方ですよ」とにこやかに笑った。

運動場も講堂もない学校だが、子どもらの表情は生き生きとしている。毎年、ブラジル独立記念日には、民族衣装の子らが歌や劇を保護者に披露する。豊田国際ユース（U―一七）サッカー大会に出場したブラジルチーム選手らが来校したときには、子どもらも選手らも大喜びだった。

子どもは友達と一緒にすくすくと育つ。だ

が、学校運営は決して容易ではない。
九〇年の入管法改正以後、ブラジル人が急増し、今や全国で二七万人にのぼる。特に愛知県では、八八年に二四八人だったのが、〇三年には五万七九九二人に達し、全国一位を占める。
県内ではブラジル人学校が増え、本国教育省の認可を受けた所だけでも一〇校を超えた。しかし日本では私立学校どころか、各種学校としても認められていない。財政は月謝に頼るしかなく、月々一万五〇〇〇円～三万円の負担は保護者にとって相当に重い。

「わたしたちはブラジル人学校協議会という全国組織を通じて、行政側に何度も支援を求めてきましたが、何の援助もありません。学割も奨学金もない。日本は、外国人学校や、日本の学校に通う子らにもっと目を向けてほしい」

同校を取材して間もない九月二五日、『朝日新聞』の記事が目に止まった。文科省が外国人児童の就学状況に関する実態調査に初めて乗り出すというのだ。

文科省によると、日本の小中学校に在籍する外国人は六万二〇〇〇人（〇三年五月現在）。不就学者については基礎的データさえなかったが、「不就学者が犯罪に関わるなどのケースも指摘され始め」たため、調査に踏み切ることにしたという。そこには外国人の子らの人間教育という視点が見受けられない。

文科省は一貫して、「外国人には就学義務がない」という観点から、民族教育に対する抑圧・放置政策を続けてきた。子どもの教育問題に悩むのは日系ブラジル人だけでなく、全ての外国人に共通する。

読者諸氏に、もしあなたの子が同じ境遇に置かれたら、と想像力を働かせてほしい。そして直ちに抜本的な制度改革が実施されるよう、共に声を上げてほしいものである。

（二〇〇四年一〇月三日）

◎エスコーラ・ネクターは二〇〇五年に豊田市保見ヶ丘から亀首町に移転した。

ゴードン・C・ムアンギ

四国学院大学教授／ケニア

なぜ「部族」と呼ぶのか 尊厳踏みにじる蔑称に怒り

大地を駆け巡る動物たち。大空に舞い上がる野鳥の群れ。映画「愛と哀しみの果て」（メリル・ストリープ主演）などに映し出されるケニアの大自然は無限のロマンを与えてくれる。が、「ケニアになぜ大自然が残されているかが問題なんです」という彼の言葉に、私はいったい何の話かととまどった。

彼、ゴードン・C・ムアンギさん（五八）は一九四六年、赤道直下にそびえるケニア山（五一九九メートル）のふもとで生まれた。「学校に通えたのは奇跡的なことだった」と語る体験談には、血涙を流した祖国の歴史が秘められている。

Profile●1946年ケニア生まれ。72年大学卒業後、教育省勤務。74年京大留学。90年四国学院大学助教授。現在、同教授。91年学内で「アフリカの会」発足。学生を引率しアフリカ各国訪問。
Data●四国学院大学＝香川県善通寺市文京町3-2-1。Tel 0877-62-2111。ホームページ＝http://www.sg-u.ac.jp。

長年イギリスの植民地だったケニアでは、五二年に反植民地解放戦線マウマウによる闘争が発生した。支配者は過酷な弾圧を強行し、人々を「保護村」に強制収容した。

「ベトナム戦争と同じで、多くの人が射殺されたり餓死しました。小学生のころ、広場に無惨なゲリラの死体が並んでいた光景を忘れられません。父も逮捕されました」

マウマウの闘いは三年後に鎮圧されたが、ケニアは六三年についに独立を達成した。しかし独裁政権が続いたため、政情不安が終息することはなかった。

彼は七二年にナイロビ大学を卒業後、教育省に就職した後、七四年に京都大学に留学。以後、アフリカ、人権、国際平和に関する研究を続け、九〇年に四国学院大学助教授、現在（二〇〇五年）は同大学および大学院の社会学の教授を勤めている。

　国内外の学会に属し多忙な日々を送る彼は、学内で「アフリカの会」を作り、学生たちをアフリカ諸国に連れて行った。が、自身はこの二〇年間帰国していないという。

「ずっと政治不安があって、なかなかケニアに帰ることができなかった。新政権になって早く帰国したいと思いながら、今度は仕事が忙しくなって休みがとれない状況で」

私が、アフリカ文学の代表的作家で、米国に亡命したグギ・ワ・ジオンゴの『一粒の麦』を以前読んだことがあると言うと、彼の満面に笑みが広がった。

「グギがナイロビ大教授だったとき、授業を受けたし、国を追われたあとも親しくしてきました。その理由だけで、わたしが帰国したときにひどい扱いを受けはしないかと友人が心配してくれたんです」

テーブルマウンテン

〇二年の選挙でキバキ大統領が選出されたとき、彼は民主勢力の勝利だと歓喜したのに、いまだに不幸な事件が起きるほど事態は複雑である。が、元を正せば、一九世紀以来、アフリカ大陸を侵略した欧米諸国が民族分布を無視して国境線を引き、領土を奪い合い、民族同士を争わせて統治する政策をとってきたことに起因する。そしてケニアで自然が残されてきた理由も同じ線上にあった。

「ケニアには昔からイギリスの王家や貴族がよく来ました。それは景色や動物を見、ハンティングをするためです。広大な土地を囲って楽園を保存したのであって、その中にケニア人はとても入ることはできない。人間より動物の方が大切にされたんです」

解かされた謎の重みに私は言葉を失った。無知を恥じる私に、もう一つ、重い言葉が被さってきた。

まだ民族紛争が残っているが、現政権になって少なくとも殺し合いはなくなった、年内にぜひ行ってみたい、と希望を語る彼は、最後に強い口調で「民族」について語った。

「わたしはいつも自分が『キクユ族』でなく、『キクユ民族』だと強調するのに、誰もが『キクユ族』と言います。例えばクロアチア人のことを『クロアチア族』と言いますか。なぜアフリカの場合は、『部族』とか『～族』という言い方をするんですか」

かつて悪質な日本人は在日朝鮮人に対し、妙なアクセントをつけて「チョーセン！」と呼んで差別した。侮蔑される痛みを知る私は、今後二度と『～族』という言葉を口にするまい。いや誰であれ、人間の尊厳を踏みにじる蔑称を決して使用してはなるまい。

（二〇〇五年三月六日）

◎付記　ムアンギさんは二〇〇六年、二〇年ぶりに故国の土を踏んだ。

フランシスコ・マルティン・ディエス

セイドー外国語学院・同志社大学講師／スペイン

教育の偉大さに気づいてフィリピンでワークキャンプ

Profile●1955年スペイン生まれ。マドリード大学医学部時代に信仰に目覚める。82年来日しセイドー外国語学院講師。地球ボランティア協会と連携し、夏休みに学生を引率してフィリピンのスラム地域でワークキャンプ。

Data●セイドー外国語学院=兵庫県芦屋市船戸町12-6。Tel 0797-22-9452。メール scc@abeam.ocn.ne。ホームページ=www.seido.jp。

コロンブス、セルバンテス、ピカソ……世界史に名を残す数々の偉人を生み、今もフラメンコ、闘牛など特有の文化で観光客を引き寄せる魅惑の国スペイン。スペイン語を母語とする人々は二〇カ国、四億人に達する。

「スペイン人は歴史や文化に誇りを持っています。日本との絆も深くて、カステラ、天ぷらなどはスペイン語が日本に根付いたものですよ」

そうにこやかに語るフランシスコ・マルティン・ディエスさん（五一）は、兵庫県芦屋市のセイドー外国語学院講師を勤めながら、同志社大学などでもスペイン語や英語を教えており、四月（二〇〇六年）に開かれるセイドー国際学生会館の寮長にも就任する。
一九五五年、中世の首都だったパジャドリッド市で生まれた。父は空軍将軍、母は社会活動に貢献、という敬虔なカトリック教徒の家庭だった。小学校のころ、ザビエルのことを学んで以来、日本に興味を抱き、大好きなミニカーには「九州」、「琉球」と名付けたほど。中学生のとき、映画「七人の侍」を見て、「侍に会いたい！」という憧れが一層つのったという。

マドリード大学医学部に入学したころ、人生に悩み生活が乱れた。が、二三歳のある日、教会の前を通ると、突然心の中に「入ってきなさい」という声が聞こえてきた。ミサに参加する内にとめどもなく涙があふれ、神に全てを捧げる決心をした。

「医師の国家資格を取った八二年に友達から勧められ、セイドーに来ました。そして子どもたちに言葉を教える過程で、教育の偉大さに気づいたんです。いろんなこ

フィリピンでのワークキャンプ（1999年）

とが重なって夢が実現しましたが、これは神がわたしのために準備された道だと思います」

同学院では外国語を教えつつ、人間教育にも力を注いでいる。その一つがボランティア活動である。毎年夏休みには、国際的な援助活動を行っている地球ボランティア協会（GVS）と連携してフィリピンでのワークキャンプに参加している。

ディエスさん自身も二度学生たちを引率して行った。スラム地域に入り、現地のNPOと共に家を建てたり、学校の塀を作る作業を手伝う。梅雨時にあたるため、連日の猛暑と雨に悩ませられながら肉体労働に従事する。

学生の中には、初めのうち信じがたい貧困にショックを受け「家に帰りたい」と泣き出す子もいた。しかし貧しくとも明るい人々、自分たちの微力な協力を心から喜んでくれる人々、目に涙をためて「また来てね」と叫ぶ人々と出会う中で、学生たちは「先生。連れてきてくれてありがとう」と言うようになった。

「学生たちは日本の物質主義社会で、与えられることが当たり前になっていましたが、人に与えることの大切さを知ったんですよ」

半面、日本をこよなく愛する彼は、最近の不安定化した状況を憂慮する。

「日本人に足りないのはバランスではないでしょうか。働くことに誇りを持つのは大事なことですが、日本では仕事を目的と考えるのに対し、ヨーロッパでは道と考えます。あくまで幸せになるための手段なんです」

例えば、社会人の夏期休暇は一カ月もある。会社では社員を三グループに分け、七～九月に交代で休暇を取るのだ。単身赴任はほとんどなく、もし勤務先が変われば家族一緒に移転する。当然家庭は最重要視され、親子が接する時間を大切にする。家族同士よくしゃべり、休日は昼食が数時間続くことも珍しくない。

「家庭は教育の土台ですし、子どもは社会の希望です。子どもにとって一番大事な仕事は遊びで、第二が勉強。でも今の日本は、子どもにとって家族や友達とのコミュニケーションが少なくなってきたのが問題だと思います」と語る彼が言った「社会の一番優れた遺産は人間」という言葉が、新鮮な響きで私の胸に入ってきた。


（二〇〇六年一月二九日）

フリッツ・レオンハート　神戸外国倶楽部前会長・マリスト国際学校理事長／ドイツ

一四〇年続く外国人の社交場 子どもたちは世界に羽ばたく

Profile●1939年神戸生まれ。マリスト国際学校卒。大手船舶会社やケミカル関係会社勤務。99年神戸外国倶楽部会長。兵庫県主催「長期ビジョン推進委員会」で外国人問題を提言。2004年マリスト国際学校理事長。

Data●マリスト国際学校=兵庫県神戸市須磨区千守町1-2-1。Tel 078-732-6266。ホームページ=http://www.anago.co.jp/marist/marist.htm。

神戸の北野といえば、異人館が立ち並ぶ観光スポット。その一角に、ひときわハイカラな神戸外国倶楽部が建っている。広々とした庭園にエレガントなバーやレストラン。古き良き時代のサロンを再現した大人の安息場だ。

今春（二〇〇五年）まで六年間会長を勤めてきたフリッツ・レオンハートさん（六六）は、意外にも神戸生まれの在日ドイツ人だった。「今は数年で帰国する人が多いので、わたしに声がかかったんですよ」と笑うナイスミドルだ。

一九三九年に生まれたころ、父は駐日ドイツ領事館職員だったが、敗戦後、職を得られず、随分つらい思いをしたという。学校は神戸にある聖ミカエル国際学校からマリスト国際学校に進学。長年、外資系の大手船舶旅行会社やケミカル（化学薬品）関係の会社で勤務した後、現在は友人の会社の監査役を勤めている。

同倶楽部が発足したのは、なんと明治二年、一八六九年のこと。港町神戸に欧米系の領事館、銀行、船会社などが集まり、職員や社員が自動的にメンバーになった。一九五五年に現在地に移転したあとも、三十数カ国の外国人の社交場として愛され、七〇年代からは日本人の会員も増えてきた。

ところがやがて円高が急進するにつれて、外資系企業が次々と撤退していった。阪神大震災が発生したとき、被災者のためにシェフが腕をふるい、「神戸で最も美味しい食事ができる避難所」と評判になった。しかしバブル崩壊と震災のダブルパンチのため、会員は三〇〇人弱にまで落ち込んだ。

こうした時代の変化の中で、倶

マリスト国際学校

楽部の運営にも変化が生じてきた。家族連れで楽しむファミリークラブ化が進むと共に、パーティや結婚披露宴、またジャズフェスティバルなどの各種コンサート会場としても利用されている。

二〇〇〇年と〇二年には、欧米系と、新しく来日したアジア系や中南米系の人々が交流するパーティを企画。言葉の問題などのため、十分に親睦を深めるまでには至らなかったが、倶楽部に新たな役割を付加した重要な試みだった。

レオンハートさんはゴルフクラブ、海星病院など各種団体の役員を勤めているが、中でも注目したいのは、昨年（二〇〇四年）、母校マリスト国際学校の理事長に就任したことだ。

私は何度か同校を取材したことがある

が、幼稚園から高等部まで日本人も含めた三十数カ国の子どもたちが、実にフレンドリーに過ごしている姿に目を見張ったものだった。しかし同校は、阪神大震災で一〇億円以上の被害を受け、危機に陥った。

「幸い再建は順調に進み、学生数も三〇〇人を超えました。最近はアジア系の子が増えており、文化や宗教の違いなんか関係なく仲良くやっていますよ。大人はなぜ国同士の争いをするんですかね」

日本では国際学校は各種学校の資格しか認められていないため、運営面では様々な苦労もあるだろうが、子どもたちは伸び伸びと世界に向かって羽ばたいていく。

「わたしの子ども二人もそうですが、国際学校を出てアメリカに留学したあと、そこに住み着くことになりました。ただ、日本に帰ってきたい人でも、就職口がないため、帰ってこられないのは残念なことですね。ほとんどの子はバイリンガルの優秀な人材なのに。日本の会社は、もっと外国人を積極的に受け入れて欲しいものですよ」

彼は行政が主催する「長期ビジョン推進委員会」などで「欧米系とアジア系や中南米系では抱えている問題が異なるが、特にニューカマーの人々は困っていることが多いので、真剣に取り組んで欲しい」と提言を行ってきた。

一九世紀の昔から日本人と外国人の交流史を育んできた神戸こそ、先頭に立って、二一世紀にふさわしいビジョンを提示して欲しいものである。

（二〇〇五年五月二二日）

マノジュ・L・シュレスタ 甲南大学教授／ネパール

「民際」が「遺伝資源」守る途上国の文化や誇りに理解を

Profile●1959年ネパール生まれ。82年京大大学院留学。米国マサチューセッツ工科大、東大先端科学技術研究センター等で研究。90年ネパール教育開発機構設立。91年同日本支部設立。92年甲南大専任講師に就任後、2000年から現職。03年里親制度開始。

Data●甲南大学=兵庫県神戸市東灘区岡本8-9-1。Tel 078-435-2459。

「ネパール教育開発機構」ホームページ=http://hccweb5.bai.ne.jp/~heb08201。


かけがえのない地球の資源は人類共通の遺産——という考え方は古い？　しごく当然と思っていたことが覆され、私は強烈なパンチを受けたようなショックをおぼえた。

「たしかに資源は人類共通財産ですが、その所有権は主権国家にあるのです」と、マノジュ・L・シュレスタさん（四五）は力を込めて語る。

一九五九年、ネパールの首都カトマンズ生まれ。大学卒業後、八二年に京都大学大学院に留学してから二三年。現在は甲南大学経営学部教授を勤める。

その間、米国マサチューセッツ工科大学、東京大学先端科学技術研究センターなどで研究活動を行った彼が、今全力を注いでいるプロジェクトが「遺伝資源マネジメントの研究」である。

資源のとらえ方に画期的な転機が起こったのは、九二年にブラジルで開催された地球環境サミットだった。

「サミットでは『生物多様性条約』が採択されました。これは生物の保全、持続的利用を図りながら、そこから生まれた利益を公平に配分することを目的としており、それを実現する仕組みがＡＢＳ（遺伝資源へのアクセスと利益配分）です」

一例を挙げれば、新薬の八〇パーセントは天然物をヒントに作られている。従来、資源は「人類共通の遺産」という認識のもとに、薬草は誰にでも自由に利用されてきた。しかし先進国の製薬企業が発展途上国の植物資源や伝統的な知識を使って新薬を開発・販売しても、途上国には利益が与えられなかった。

コスタリカの多様な蝶々

ＡＢＳでは、まず遺伝資源の所有権が各主権国家にあると認めたうえで、企業などと協力して研究開発を行い、新薬として利益が生まれた場合には、現地にも公平に配分される。

「資源の多くは南の国にあるのに、その潜在的価値の利用に目覚めていない。それが、途上国が環境保全の意識に乏しく、経済的にも貧しい原因の一つです。先進国企業と共に遺伝資源を有効にマネジメントしていくことが大切なんです」

地球上には貴重な資源が無尽蔵に存在する。たしかに適切なＡＢＳが世界で行われれば、各国の豊かさ度を表す地図も大幅に塗り替えられるに違いない。

彼は地球的規模の環境マネジメントだけでなく、祖国のためにも献身的な努力を傾けている。九〇年にネパールで、教育環境の改善を願う人々と共にネパール教育開発機構（NEDO）を設立し、その翌年には日本支部も設置。経済的に恵まれない子どものための奨学金、図書等の寄贈などの活動を進めてきた。

一昨年（二〇〇三年）からは里親制度も開始。これは会員が一人の子どもを対象に教育費援助を行い続ける制度で、すでに七〇人の里親が生まれた。

NEDOではまた、ネパールの文化を紹介するイベントやセミナー、さらには世界各国の幅広いテーマに関する学術交流会なども積極的に催してきた。それは「まずその国の魅力を紹介してから、問題点も訴えるようにしたい」という理念を貫いているからである。

彼は以前、既存のボランティア団体による途上国の紹介の仕方があまりにも偏っていることに驚いたという。アフリカといえば貧困や内乱ばかりを取り上げて募金を訴える。これでは、たとえ途上国を救おうという気持ちからであっても、本当の問題を理解することにはならない、と強調する。

「貧困を商品にしてはいけません。単なる同情ではなく、それぞれの国の文化や誇りも理解したうえで、問題点を共に考えて欲しいんです」

うわべだけの「国際」よりも、一般の人々が自発的に参加する「民際」こそが、地球の資源と人間を守っていくのだと言う彼の言葉を、私たちは心して受け止めるべきだと思う。

（二〇〇五年六月五日）

林《りん》同春《どうしゅん》　中央実業株式会社取締役社長／中国

中・台・日に心の橋を 学校は華僑の精神的支柱

Profile●1925年中国生まれ。9歳で来日。53年林商店設立。63年中央実業(株)設立。神戸中華同文学校理事長、福建同郷会会長、神戸華僑総会会長、神戸中華総商会会長など歴任。中国福州市栄誉市民。兵庫県民最高栄誉賞。95年兵庫県外国人学校協議会会長。著書『橋渡る人』。

Data●中央実業(株)=神戸市中央区海岸通3-1-1 KCC ビル。Tel 078-392-0241。

日本に渡って六九年。波乱に満ちた林同春《りんどうしゅん》さん（七八）の半生は、神戸在住華僑の近代史そのものと言って過言ではない。

一九二五年、中国・福建省生まれ。九歳のとき、出稼ぎのため日本に渡った父を訪ねて来たが、蘆溝橋事件を機に日本の中国侵略が本格化すると、華僑は「敵国人」とされた。学校の軍事教練のとき、教官が「本物のシナ人がおるぞ」と言って、ルーズベルトと蒋介石の面をつけた藁人形の前に立たせた。

「竹槍を抱えて、三人が一斉にその尖端を私に向けて前進してきた。恐怖で叫びだしそうになったが、必死でその声を飲み込んだ」と、著書の『橋渡る人』（エピック刊）に書かれた忘れがたき体験。戦中、スパイ容疑で特高警察の拷問を受けたこともある。

終戦後、神戸・三宮高架下の自由市で食べ物や古着を売った。それが契機でビジネスが急成長し、五三年に大阪・船場で繊維卸売りの林商店を設立。海外との取引も拡大した。

「あのころ海外に住む華僑のネットワークにどれほど助けられたことか。華僑は地縁血縁を大切にするので、絶対的に信頼できますから」

一〇年後には、ボーリング場を経営する中央実業株式会社も設立し事業を伸ばしていった。その半面、中国大陸と台湾当局の対立や、中・日間に国交がないため在外中国人の悲哀を噛みしめたことも少なくない。故郷に帰ったのは、中・日国交が樹立された七二年、実に三七年ぶりのことだった。

神戸華僑総会会長（現・名誉会長）、在日華僑連合会副会長などの重職を歴任してきた林さんの業

第８回世界華商大会（2005年）

績の中でも、私が特筆したいのは教育事業である。

神戸中華同文学校は一八九九年に創設されたが、神戸大空襲で全焼して以後、日本の小学校を借りて授業が続けられていた。莫大な費用、台湾当局からの干渉など問題は山積していたが、李萬之校長らと共に「自前の学校を建てよう」という念願を果たすため奔走した。そして一九五九年についに校舎と講堂の竣工式を迎えた。林さんは副理事長を経て、理事長に就任した。

「学校は華僑の精神的支柱です。わたし自身、厳しい差別のため学校に通えなくなり、涙を流した日々を体験したので、子どもらには決して同じ悲しみをさせたくなかったんです」

現在（二〇〇四年）、同校には小・中学部に六〇〇人以上の児童生徒が通っている。華僑の青年たちは結婚式の日に、必ず祝儀の一部や全額を同校に寄贈するという。

教育に対する熱意は同校だけにとどまらない。九五年の阪神大震災は県内にある一九の外国人学校・国際学校にも甚大な被害をもたらした。同年七月、全国初となる「兵庫県外国人学校協議会」が結成され、林さんが会長に推された。

二カ月後、協議会代表たちが貝原知事を表敬訪問した光景を私は鮮明に記憶している。懇談会の場で知事は「兵庫県と神戸市にとって外国人学校は財産です」と明言した。その後、全国で最高レベルの教育助成金が拠出され、また外国人学校と日本人学校と活発な交流が広がるなど、画期的な変化が生じたのだった。

「教育は、この地で生まれた子どもたちを、その地に感謝する子に育てるか、嫌う子に育てるかという問題です。行政の人々はもっと真剣に考えるべきです」と強調する林さんは、国連人権委員会や文部科学省にも足を運び、外国人学校差別の是正を求める運動を続けている。

外国人として初めて「兵庫県民最高栄誉賞」を受賞するなど、功成り名を遂げることができた。が、今も心残りなのは祖国の分断である。

「三通――郵便、貿易、往来の自由が早く実現して欲しい」という悲願は、在日だからこそより切実なのかもしれない。中国、台湾、日本の間に心の橋を懸ける人として、林さんにはまだまだ奮闘していただかなくてはなるまい。

（二〇〇四年六月二〇日）

リングホーファー・マンフレッド

大阪産業大学教授／オーストリア

研究テーマは在日コリアン いまだに残る法的差別

Profile●1951年オーストリア生まれ。ウィーン大学卒。76年大阪大学留学。76年再来日。在日コリアン問題やブータン難民問題などを研究しながら支援活動。93年人権活動家協会「アフラ·ジャパン」発足。97年大阪産業大学教授に就任。

Data●大阪産業大学=大阪府大東市中垣内3-1-1。Tel 072-875-3001。

永世中立国、アルプスへの玄関口……世界の人々が憧憬するオーストリアを離れていつしか三一年。行動派の学者リングホーファー・マンフレッドさん（五三）は、「わたしの研究テーマは異文化と少数者、教育です」と語る。

一九五一年、ウィーンにほど近い町、遙かに二〇〇〇メートル級の山々をのぞむ大自然の懐で生まれ育った。

ウィーン大学哲学部に入学した彼は、偶然日本人と知り合ったのをきっかけに日本学科を専攻。

「三年のときに日本に来たんですが、一〇〇日間全国を回って調査をする中で在日コリアンの存在を知り、自分の研究テーマを在日コリアンにしようと決めたんです」

七六年から三年間、大阪大学人間科学部に留学し、日本が朝鮮を植民地にして以後、強制連行、創氏改名など次第に支配を強化していった歴史を博士論文に書いた。

さらに八〇年、長期滞在を決意して来日した。理由の一つは、八カ月間の徴兵から逃れるため、もう一つは、日本社会全体およびコリアンの研究を深めるためだった。帝塚山短期大学と大阪産業大学でドイツ語担当講師を勤めつつ、研究を続けた。やがて社会科学系の授業を持つようになり、九七年には大阪産業大学教授に就任した。

異文化や少数民族に強い関心を抱く彼は、特に指紋押捺反対運動や地方参政権運動に積極的に参加した。

「日本は戦前からずっとコリアンにマイナスのイメージを植え付けてきた。その原因は、日本が単一民族国家だという発想にあります。他民族の存在を認めず、日本に住むなら同化してもらわないと困ると。そして今も、外国人登録証の常時携帯や海外旅行の際の再入国許可制度など、先進国のどこにもないような法的差別が残されています」

八〇年代以降、他の外国人が急増したのにともない、幅広いマイノリティー問題にも関心を寄せていく。その一つが、ブータン難民問題である。

人口六〇万人の多民族国家ブータンでは、八五年に公民権法が改悪され、民主主義と人権尊重を要求した少数民族に対する同化政策が強化された。抵抗する人々の逮捕・拷問・虐殺が頻発したため、一〇万人がネパールに逃れ、難民キャンプに収容された。

「以前は衛生・医療などの問題が深刻でしたが、現在は教育が大問題です。ほとんどの学校は教室の窓がなく、雨が降ると水たまりができるようなヒュッテなんです」

九三年に人権活動家協会「アフラ・ジャパン」を発足。一五回もネパールを訪れ、文具や運動具を贈ったり、奨学金制度を作るなどの支援活動を進めてきた。

彼の目は、在日外国人の教育問題にも向けられる。

「わたしは大阪府在日外国人問題有識者会議の委員として、外国人の子どもに母語を教育するシステムを作るよう何度も主張しましたが、充分改善されていません。合法・非合法に関わらず、子どもには母語教育を義務づける必要があります」

実は、私も事務局に入っている「民族教育ネットワーク」では、この八月二一～二二日

ブータンに寄付した教材（1996年）

（二〇〇四年）に「民族教育フォーラム――国際化時代の多民族・多文化共生教育」を開催する。多国籍の知識人や文科省高官によるシンポジウムを通じて、在日外国人の民族教育権を制度的に保障すべきだとアピールする、おそらく日本で初めての試みだ、と話してチラシを渡すと、彼は食い入るように見つめて言った。

「外国人の教育問題では、文科省はひどすぎる。国連では九〇年に『すべての移住労働者とその家族の権利保障に関する国際条約』を採択したのに、日本は批准もしていない。外国人問題では、日本はまだ発展途上国ですよ」

子どもの教育問題は国境や民族の違いを超えた全人類的課題である。読者諸氏にもぜひ問題意識を持っていただき、「民族教育ネットワーク」にも協力して下さるよう訴えたい。

（二〇〇四年八月一日）

レベッカ・ジェニスン

京都精華大学人文学部教授／アメリカ国籍・京都住民

政治とアートの関係を研究 力合わせれば社会も変わる

Profile●1949年米国生まれ。中・高校生時にベトナム反戦運動や公民権運動を経験。大学生時代、インド留学を契機に来日。79年京都精華大講師となった後、現職。90年代から政治とアートの関係を研究。

Data●京都精華大学=京都市左京区岩倉木野町137。ホームページ=http://www.kyoto-seika.ac.jp。

「わたしはアメリカ合衆国に生まれ育ちましたが、『自国』の指導者たちが国際法を無視して、イラクに対して先制攻撃を行い、世界を間違った方向へ導こうとしているので、気の重い日々が続いています」

笑みを浮かべたレベッカ・ジェニスンさんの口から、鋭い批判がついて出る。帰国すれば、空港で靴まで脱がされ、日本人の夫は指紋、写真をとられる。知人は徴兵制復活の噂に怯える現状。

一九四六年、米国カンザス州の田舎で生まれた。カリフォルニア州に移住した彼女が中学生になった六〇年代、バークレー近辺はベトナム反戦運動とアフリカ系米国人（黒人）の公民権運動の真っただ中にあった。通っていた高校ではフォークソングが流行《はや》り、学生は街に出てベトナム反戦デモを行っていた。

「政治的なことはよく分からなくても、みんなで力を合わせれば社会を変えることができるという熱気に満ちていて、わたしの自己形成にとって大事な時期でした」

大学時代、インドに留学するプログラムに参加した際、日本に寄ったのがきっかけで日本美術に関心を抱き、改めて来日。七九年に京都精華大学非常勤講師となり、現在は人文学部教授として、フェミニズムや文学芸術論などの講義を行っている。

私は以前、米国を取材旅行したとき、公民権運動の歴史から多くを学んだ。日本では今でも在日外国人に対する差別制度が存在するが、米国では逆に政府主導でアファーマティブ・アクション（積極的差別是正措置）が推進された。マイノリティーに対して同等

の権利を与えるだけでは差別の壁がなくならないため、大学や会社に一定の割合で入社を認めさせるよう制度を改革したのである。

「日本では雇用機会均等法などができましたが、現実的には女性の就職が難しいのに、強い措置がとられていません」と彼女は指摘するが、返す刀で米国の現状にも鋭い矛先を向ける。

「アメリカでもたしかに一部のマイノリティーは中産階級になりましたが、都市貧困層にはたくさんの非白人がいるし、その人々はますます厳しい状況になっています」

彼女は九〇年代初頭、米国を中心とした多国籍軍が湾岸戦争に突入したころから、政治とアートの関係の研究に取り組んできた。特に二〇〇三年の訪米は貴重な体験となった。米国がイラク攻撃に踏み切ろうとしていたその時期、世界各国で史上最大の反戦デモが繰り広げられていた。

「わたしはアメリカで多くのアーティストや詩人、文化人が各地で反戦の作品展や朗読会を行っている姿を目撃して胸を打たれました」

だが一方、米国によるイラク占領後に訪米したとき、主流メディアの報道に極度のフラストレーションと怒りを感じた。戦闘で活躍する米兵のことは伝えられても、難民キャンプ、飢餓、イラク人の死傷者数、国内外の反戦運動などの状況については決して報道されなかったからである。

彼女は米国でのメディア操作とともに、日本のメディアにも警告を発する。

「ブッシュ政権はサダム・フセインを悪魔化し、ナショナリズムをあおり立てましたが、これは日本で北朝鮮（朝鮮民主主義人民共和国）を悪魔化し、恐怖心をあおっているのと共通点があります。朝鮮人の強制連行、従軍慰安婦といった歴史を無視し、一方的な見方を押しつける。日本の指導者たちはなぜか、ブッシュ政権と似たようなことをしている気がします」

今年（〇五年）六月、世界女性会議がソウルで開催される。国連が七五年を「国際女性年」と宣言して以後、五～一〇年ごとに催されているこの会議で、彼女は内外の女性アーティストや活動家による共同プロジェクトについて報告を行う。

「ディアスポラ・アートの現在」（2004年）にて「在日」の家族写真作品コーナー

「グローバル時代におけるジェンダーの問題について学生と共に学んでいきたい」という彼女は、常に「社会的弱者」を視野に入れて教育、研究活動を続ける。

（二〇〇五年四月一七日）

◎付記　レベッカ・ジェニスンさんは二〇〇四年一一月に東京経済大学主催国際シンポジウム「ディアスポラ・アートの現在」に参加し、日本、米国、ヨーロッパ在住コリアン・アーティストと交流した。

ロニー・アレキサンダー

神戸大学大学院教授／アメリカ

太平洋の島々に熱い想い 地球全体を考えて欲しい

紺碧の空。エメラルド・グリーンの海。「地上の楽園」と呼ばれる太平洋の島嶼《とうしょ》（島々）は世界中から観光客を招き寄せる。が、約一万の島、二五の国や地域から成り、五〇〇万人が居住するこの一帯に刻まれた深い傷跡に想いをいたす人は多くあるまい。

「太平洋には観光以外の資源が少ないので、国際社会はあまり関心を持ちませんが、核実験の後遺症や自然破壊などの深刻な問題があるのです」と、神戸大学大学院国際協力科教授のロニー・アレキサンダーさんは指摘する。

一九五六年、米国・ロサンゼルス生まれ。七七年に大学卒業後、北米ＹＭＣＡ同盟に奉職

Profile●1956年米国生まれ。大学卒業後、北米YMCA同盟に奉職し広島に派遣。10フィート運動に参加。「非核化」の研究のため国際基督教大・上智大の大学院進学。89年神戸大助手。93年同教授。平和・環境・ジェンダーなどのテーマで活動。
Data●神戸大学大学院=兵庫県神戸市灘区六甲台町2-1。Tel 078-803-7116。メール=popokipeace@yahoo.co.jp。

し広島へ派遣された。平和教育や国際協力活動を行っていたころ、三カ月間アジア各国を歴訪した経験がある。その後、ミクロネシアにＹＭＣＡを設立する計画が浮上したので喜んで訪問したのだが……。

「そのとき初めて、アメリカが戦後、太平洋の島々で核実験を繰り返していた事実を知って本当に驚きました。広島に投下された原爆の真相も、学校で学んだことと全然違っていたことに気づいて、アメリカの教育に対する不信感が芽生えましたね」

彼女は「非核化」をテーマに研究する決意を固め、国際基督教大学・上智大学の大学院に進学する。

アメリカは四六年から一七年間、マーシャル諸島のビキニ環礁などで六六回の原・水爆実験を行った。島は無惨に破壊され、放射能によって汚染された。島々の多数の人や米軍兵士が被爆し、脱毛、白血病、異常出生などの後遺症に苦しみ、命を失った。五四年にビキニ近海で死の灰を浴びたマ

エイズ問題のポスター（フィジーにて、2006年）

グロ船「第五福竜丸」の乗組員が死亡した事件は日本国民を震撼させた。

七〇年代に入り、非核・独立運動が高揚し、八三年には全島嶼国によって「非核・独立太平洋憲章」が採択された。が、八七年の会議に出席した彼女はこう語る。

「非核の願いは強くても、島と島の間がすごく離れているし、植民地化、脱植民地化の歴史や立場も異なるので、〝憲章〟の表現が次第にトーンダウンしてきて、統一した運動の難しさも感じました」

危機感をつのらせるもう一つの課題は、地球温暖化による海面上昇問題である。

「海面が上がると、島の面積が小さくなるだけでなく、地下水が塩化されて、飲料水や畑まで被害を受けるんです。その他、森林伐採、珊瑚礁の死滅、日本のマグロ漁業などの乱獲といった問題も深刻になっています」

一方、彼女は広島時代に一〇フィート運動に参加した。広島・長崎で被爆直後に撮影されたフィルムが米国公文書館に保存されていたため、市民のカンパで買い戻し、七本の記録映画を作ったのだった。

この運動を基礎に「平和博物館を創る会」が発足。活動の一環として、「世界・平和の絵本」シリーズの発行を続けており、彼女自身も『トラップ一家物語』（映画「サウンド・オブ・ミュージック」で有名な実話）などの翻訳を担当した。

「ちょうど今日出版されたの」と差し出された岩波ＤＶＤブック『平和ミュージアム』の中には、彼女の原作・原画による映像「ポーポキのピース・メッセージ」が収録されていた。愛猫だったポーポキの目を通して、子どもたちと一緒に「平和って何色？　どんな匂い？」と考えていくユニークな作品である。現在、これを発展させた絵本を多言語バージョンで発行するプロジェクトが進められている。

平和、環境、ジェンダーなど幅広いテーマに取り組む彼女の姿勢は「生物はどうすれば安心して暮らせるのか」という理念に根ざしている。

ちなみに彼女は、後に人間国宝となった島原帆山《はんざん》氏から尺八を習い、大師範免許を取得した。日本の伝統文化を愛するからこそ、「日本人には、平和憲法を守り、もっと地球全体のことを考えて欲しい」と強く訴えかける。

（二〇〇五年一二月一八日）

第3章 共に生きる社会のために

アルバ・ロベルト／ペルー
伊藤みどり（梁碧玉）／台湾
エリザベス・オリバー／イギリス
サニー・フランシス／インド
大城ロクサナ／ペルー
グエン・テ・フィ／ベトナム
斎藤ネリーサ／フィリピン
松原マリナ／ブラジル
マリア・コラレス／スペイン
三輪イルマ／メキシコ
メレデス・長谷川／オーストラリア

携帯電話で五言語の情報提供 スペイン語ミニコミ誌も発行

アルバ・ロベルト

(株) グローバルコンテンツ取締役／ペルー

海外旅行に行くと、ふと思うことがある。「阪神はどうなったかな?」。まして異国で長期間暮らす外国人は、祖国の政情や社会状況、はたまたスポーツ界や芸能界の話題まで知りたい想いがつのるもの。そんな願いに応えてくれるのが株式会社グローバルコンテンツだ。なんと携帯電話で、英語・スペイン語・ポルトガル語・タガログ語・日本語の五言語で情報を得ることができるのだ。

同社取締役のアルバ・ロベルトさん(四三)は「日本では外国人向け情報といえば英語と思われがちですが、英語が分からない人もたくさんいるんです」と力を込めて語る。

Profile●1962年ペルー生まれ。大学卒業後、91年来日し自動車やプレス関連会社に就職。95年阪神大震災直後に結成されたNPO法人多文化共生センター理事。2001年(株)グローバルコンテンツが設立され取締役に就任。

Data●(株)グローバルコンテンツ=大阪市北区堂島2-1-25 堂島アーバンライフビル705。Tel 06-6344-0247。ホームページ=http://www.globalcontents.co.jp。

一九六二年、ペルーの首都リマ生まれ。大学を出たが、専門知識を生かせる職を得られず、「二年だけ」と思って九一年に来日した。が、自動車部品製造会社に就職したものの、景気の悪化と「外国人労働者」という雇用の不安定さのため離職。その後、九四年四月にプレス関係の会社に入った。

「外国人は残業の多い職場に行きたがるんですが、わたしは一切残業なしの約束で入社しました。仕事以外のこともやりたかったからです」

同年九月から一人で始めたのはスペイン語ミニコミ誌『メルカドラティーノ』(「ラテンマーケット」の意)の発行だった。

ニュースから法律相談まで様々な情報を載せた一六ページの雑誌を五〇〇〇部印刷。ラテン系のレストランなどに無料配布すると、「もっと置いて」と言われ、広告を出す所も増えていった。

翌九五年一月、阪神大震災が発生した。その直後、被災した外国人のため多言語で情報を提供する

スペイン語ミニコミ誌『メルカドラティーノ』

活動が起こり、ＮＰＯ法人多文化共生センターが結成された。センターとの出会いを機にアルバさんも理事に加わり、情報・ボランティア活動に取り組んだ。

転機が訪れたのは、来日一〇年目の二〇〇一年。センター活動の経験をもとに、理事が中心となって会社を設立することになったのである。

「わたしはすでに副工場長になっていたので、安定した職場を辞めるべきかどうか迷いましたが、九七年に結婚した日本人の妻も賛成してくれたので決心したんです」

会社の主眼は、世界初の多言語掲載Ｗｅｂサイト「＠ｎｉｐｐｏｎ」（アットニッポン）の立ち上げだった。ところがコンテンツ作りの話し合いを進めていた通信会社から突然断られ窮地に陥った。しかし「もう後戻りはできない」と懸命に努力した結果、ついにVodafoneの公式サイトとして承認され、その後、au、TU―KAへと続いたのである。

会員登録料は月額わずか三一五円。内容はペルーのニュース、娯楽、漢字の書き方など多岐にわたり、すでに会員は四万人を突破した。

現在、社員は一一人。同社では、外国人向けの電話・ADSL設置取次業務、Webサイト作成代行、翻訳なども行っている。

昨年（二〇〇四年）には、大阪府の「『多言語による生活サポート事業』CB（コミュニティ・ビジネス）創出支援事業」の助成を受け、インターネットで「関西多文化マップ～電車で行けるラテンアメリカ～」をスタートさせた。人気のある店や歴史・文化情報が満載だ。雑誌の方はカラーページもふんだんに取り入れた月刊誌となり、全一四八ページ、発行部数一万四〇〇〇部にまで成長した。

「日本に来たときには、自分が二つの事業を手がけるなんて思ってもいなかった」とアルバさんは目を輝かせる。が、まだ事業は発展途上だ。

「ある大手会社にも@nipponを公式サイトにしてもらおうとお願いしてるんですが、マーケットが小さすぎるといって断られています。この事業をマーケットの面だけで考えず、社会的な意義の面で認めて欲しい」と訴える彼の声に、日本社会はぜひ応えるべきだろう。まさしく多文化共生時代にふさわしい事業なのだから。

（二〇〇五年五月八日）

台湾・北京語で「いのちの相談」勇気や自信を取り戻すために

伊藤みどり（梁碧玉《リャンビーイー》）
関西生命線代表／台湾

Profile●1948年台湾生まれ。台南神学校卒業後、高雄生命線などでソーシャルワーカー。77年来日。90年関西生命線開設。日・漢・英3カ国語の本『外国人のためのお弁当』等出版。大阪府在日外国人有識者会議委員。きらめき賞、大阪府知事表彰等受賞。
Data●関西生命線=相談電話 Tel 06-6441-9595。受付=火・木・土曜10：00～19：00。ホームページ=http：//www.geocities.jp/kansaiseimeisen。

電話が鳴る。受話器を取ると、母国語が聞こえてくる。小さな声で、ためらいがちに。やがて声の主は押さえきれない思いのたけを吐露し始める。涙のにじむ声に、じっと耳を傾ける。

日本では「いのちの電話」と呼ばれる「生命線」を、伊藤みどり（梁碧玉《リャンビーイー》）さんが大阪で立ち上げて一四年。相談件数は毎年約五〇〇件、総数は六〇〇〇件にのぼる。

彼女は一九四八年、台湾・高雄市で生まれた。台南神学校社会学部卒業後、高雄生命線などで五年間ソーシャルワーカーを勤め、七七年に日本人男性と結婚して来日した。

「初めのころは、日本語が分からずつらかったものです。疲れ切ったときには、台湾の実家に電話をかけるのが心の支えでした」という自身の体験がある。

八八年、ふと見た新聞の記事にショックを受けた。二日間連続で、台湾人ホステス四人が川に飛び込み、一人が死亡したという報道だった。

「もしそのとき、せめて彼女らの悩みを聞いてあげる一本の電話でもあれば、自殺を防げたかもしれないと思うと胸が痛んで」

心を決めて高雄生命線に協力を求めた。夫が松下電工の労働組合専従だったことから、同組合から支援の申し出があった。九〇年一一月、関西生命線の開設式が行われると、マスコミに大きく取り上げられた。が、同組合と相互の基本理念に大きな隔たりがあったため、やむなく一年後に独立、再出発することとなる。

台湾語・北京語による日本初の生命線の発足に、全国各地から電話が寄せられた。中国人だけでなく、マレーシア、シンガポールなどから来た華僑も多い。

「クライアントは国際結婚や留学で日本に来た人が多く、夫の暴力、就職、交通事故などいろんな相談が来ます。手首を切って自殺を図った人や、夫が首を吊ったという人もいましたね」

相談で最も多いのはメンタル面での問題である。悩みを相談する所がない人々は、ネイティブの言葉で話し合うだけでもホッとするという。

では、電話がかかってきたら、どのように対応するのだろうか。

「相談内容は一人一人異なるので、マニュアルなんかはありません。まずお話をじっくり聞いてあげることです。わたしたちはあくまでバイプレーヤー（脇役）として、クライアント自身の力を引き出し、勇気や自信を取り戻してもらうよう心がけています」

内容によっては面談も行う。交通事故などの場合、弁護士と共にチームを作って保険会社と交渉することもあるが、ボランティア活動に徹し、コミッション（手数料）は一切受け取らない。

また関西生命線は多彩な活動にも取り組んでいる。毎年恒例のお月見大会や大みそか（旧暦）水餃子・火鍋大会には国境を超えた多数の人々が集まり、おいしい料理や中・韓・日の文化公演を楽しむ。

「外国人向けのお弁当講習会」を基礎にした日・漢・英三カ国語の本『外国人のためのお

水餃子・火鍋大会（2005年）

弁当』や、電話相談の経験にもとづく冊子『外国人を援助するハンドブック』も好評発売中。伊藤さん自身は大阪府在日外国人有識者会議委員を勤める。こうした幅広い活動に対し、きらめき賞（大阪市）、大阪府知事表彰などの賞が授与された。

会費や各種助成金によって運営するのは決して容易なことではないが、伊藤さんは大勢の有志と共に献身的な活動を続ける。

人間の命は地球より重い、と言われるが、国籍や民族の違いによって命の「値段」に差がつけられる現実がある。

「日本ではよく国際化や国際交流というスローガンが掲げられます。言葉はきれいですが、まだ外国人の活動に対する理解が少ないのでは。もっと心を広げて、気持ちよく受け入れて欲しいですね」という彼女の言葉をどう受け止めるかが問われている。

（二〇〇四年一〇月一七日）

エリザベス・オリバー

NPOアーク理事長／イギリス

捨てられた動物の命を守る最良の伴侶を探してあげたい

Profile●1940年イギリス生まれ。65年来日。ロンドン大学卒業後、再来日し大阪工業大学常勤講師。90年私設動物救援組織「ARK」設立。95年阪神大震災後、アークの活動に専念。著書『犬と分かちあう人生』等。

Data●アーク=大阪府豊能郡能勢町野間大原。Tel 072-737-0712。ホームページ=http：//www.arkbark.net。

はたしてペットにとって、人間は味方なのか、敵なのか。

空前のペットブームの中、街には犬を連れて散歩する光景があふれている。その一方で、捨て犬、野良猫が激増し、年間一〇〇万匹が無惨に処分される現実がある。

「野良犬とか野良猫とか言いますが、みんな人間が無責任に捨てるから〝野良〟になるんですよ」と語るエリザベス・オリバーさんは、日本で唯一に近い私設動物救援組織「A《ア》R《ー》K《ク》」（アニマルレフュージ関西）の代表である。

一九四〇年、人と動物の共生が日常生活に溶け込んでいる英国で生まれ、三歳から馬に

乗っていた。一〇代から旅行が好きで世界中を駆け巡った彼女は、六五年にたまたま来日したのをきっかけに、ロンドン大学で日本語を専攻した後、大阪工業大学常勤講師となった。

彼女が動物救援活動に乗り出した経緯は、著書『犬と分かちあう人生』（晶文社出版）に詳しい。最初は趣味で犬を飼い始めたのだが、街中に捨て犬が多いことに驚いた。寒さに凍える犬、車にはねられ瀕死の犬、いじめられて満身創痍の犬……懸命に命を救った物語には感動を禁じ得ない。

やがて妙見山の一〇〇〇〇坪の土地にシェルターを造り、九〇年にアークを設立した彼女にとって、一大転機となったのは、九五年の阪神大震災だった。

「家がなくなり道ばたに放り出されたペットのために、無料で宿泊と世話を提供するというお知らせを配ったんです」

彼女らが被災地で探し出したり、飼い主が泣く泣く預けに来たりした犬、猫は六〇〇〇匹にのぼった。

アークの犬たち

当時、五〇カ国以上の動物救援組織が物資やスタッフの提供を申し出てくれた。ところが日本政府はほとんどの受け入れを断った。また国際的な世論を受けて、行政当局などが二つの動物救援施設を建設したのだが、わずか一年足らずで閉鎖してしまった！ こうした状況のため、彼女は大学の職場を投げ打って、アークの活動に専念する決意を固めたのだった。

現在、アークでは犬三〇〇匹、猫二〇〇匹、その他ブタ、ウサギ、チャボなどが専従スタッフ三五人とボランティアによって育てられている。彼女らの献身的努力に感動すればするほど怒りをおぼえるのは人間側の問題だ。

日本では、動物虐待に対する諸外国の批判にさらされたため、ようやく七三年に動物管理法が制定され、二〇〇〇年に動物愛護管理法と改称されたが、オリバーさんは「何の実効もないざる法」と厳しく指摘する。

金儲けのため野放図にペットを繁殖させるブリーダー。子どものおもちゃやファッション感覚でペットを買い、飽きたら捨てる飼い主。また保健所は、飼い主の見あたらないペットをゴミとみなして無慈悲に殺す実情。

「イギリスやヨーロッパではどんな街にも動物福祉施設があります。多くの日本人は、動物に対する西洋風の愛情という概念を持ち合わせていないようです。望まれない動物の増加を防ぐために避妊手術をしたり、皮膚の下に小さなチップを挿入して保護したり、なぜしないんですか。日本の現状はイギリスに比べて二〇〇〇年遅れていますよ」

アークの最も重要な活動の一つは、里親制度である。ペットを欲しい人には、きめ細かい事前調査やアドバイスを行ったうえで、最適な動物を紹介する。

「ペットにとって一番幸せなのは、信頼できる飼い主と暮らすことです。里親は結婚と同じ。決して離婚しないように、最良の伴侶を探してあげたい」

とはいえ行政などから何の支援もない現状では、アークの運営にもおのずと限界がある。生きとし生けるものの命を守るため、人間は万物の霊長としての責務を果たせないものか。改めて問いたい。はたしてペットにとって、この社会は味方なのか、敵なのか。

（二〇〇五年六月一九日）

サニー・フランシス FM CO・CO・LO パーソナリティー／インド

大阪弁丸出しの巧みな話術 笑いの中に辛口の社会批評

「どんなことでもできないことないよ。レポーターも俳優も何でもやったけど、やっぱり一番得意なのはトークですね」

歯切れのいい口調でしゃべるサニー・フランシスさん（三九）は、知る人ぞ知る、「FM CO・CO・CO」（こころ）のパーソナリティーだ。

FM CO・CO・LOは国内初の外国人向け多国籍FM放送として九五年にスタートし、一八カ国の言語で生活情報や音楽などを放送する。関西を中心に放送エリア内人口は二〇〇〇万人。外国人はもちろん、日本人のリスナーも数多い。

Profile●1964年インド生まれ。86年来日。映像専門学校入学。95年「FM CO・CO・LO」インド情報番組担当。96年から日本語の生放送のDJ。NHK関西ニュースパーク「街かど探検」、TBS「ここが変だよ!日本人」などに出演。2002年映画「リアリズムの宿」出演。

Data●FM CO・CO・LO=大阪市住之江区南港北1-14-16 WTC 3 F。Tel 06-6615-7650。ホームページ=http://www.co-colo.co.jp。周波数76・5 MHz。

このＦＭの開局以来、トーク番組を担当しているサニーさんは、大阪弁丸出しのユーモラスな話術を駆使し、多彩な分野で活躍している。

一九六四年、インド・グジュラート州出身の彼は、幼いころから映画が大好き。大きくなったら外国で暮らすか、映画に出るのが夢で、中学生時代に教科書を売って映画館に行ったこともある。

八六年、大学卒業後に来日し、日本語学校に通ったころ、留学生らと一緒に劇団を旗揚げし、各地で公演を行った。

「練習中に間違った言葉が出たら、そのまま使うたりしててね。『泣きっ面にハエ』とか」と早速笑わせてくれる。

その後、映画に出るチャンスがあるのではと、映像専門学校に入学。うまくなったのはボウリングだけとのことだが、東芝日曜劇場のＴＶドラマなどの出演につながった。

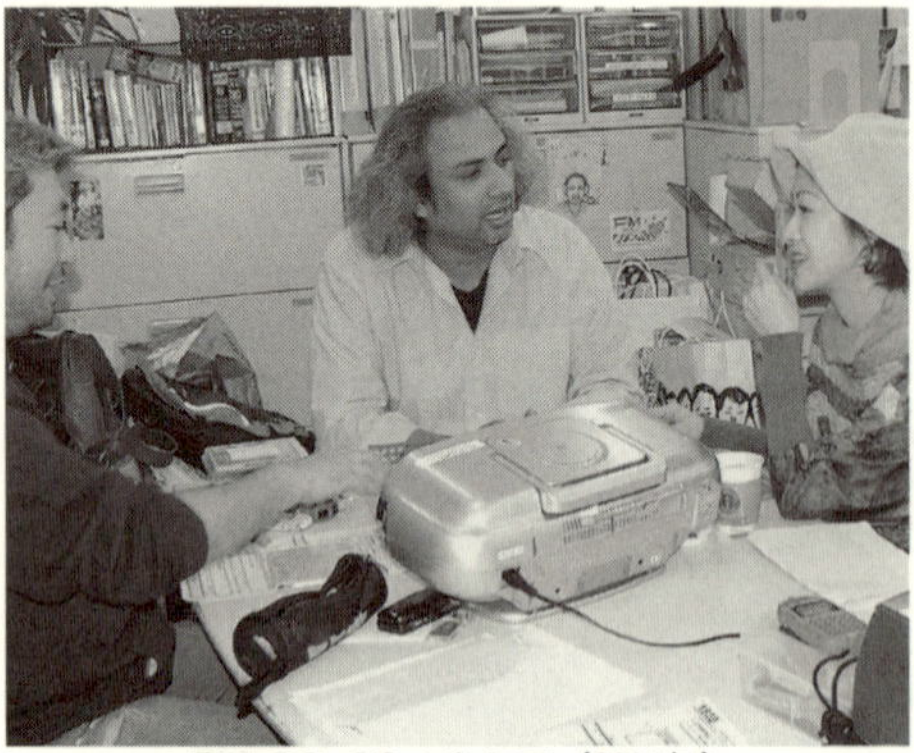

FM CO·CO·LOにて（2004年）

デモテープを送って採用されたＦＭ　ＣＯ・ＣＯ・ＬＯでは当初、毎日一五分間ヒンディ語でインド情報を伝える「バラッキ　ダルカン（インドの鼓動）」を担当。翌九六年からは日本語による生放送のＤＪになった。

　この番組で人気沸騰したのが「ぼくのぼやきコーナー」だった。「電車で若いモンが優先座席に座っていると、目に爪楊枝を刺したくなる」といった過激発言も飛び出すが、彼が言うと爆笑を誘う。たちまち人気者になり、ＮＨＫ関西ニュースパーク「街かど探検」のレポーターなどの仕事が舞い込んできた。

　中でも彼の個性が爆発したのはＴＢＳの「ここが変だよ！日本人」だ。三年半もレギュラー出演し、歯に衣着せぬ発言を連発。特に言いたかったのは日本の若者に対する苦言だ。

「若モンはもっと親を尊敬してほしい。〝父の日〟とか〝母の日〟とか特別の日を作るのは大っきらい！」

　一昨年（〇二年）には、山下敦弘監督の「リアリズムの宿」で劇場公開映画に初挑戦。宿の主人役で出演した作品は今春から上映される。「人の映画をけなすのは簡単やけど、お前やってみろ、となると大変でしたわ。そやけど昔からの夢やったから、病みつきになりそう」という。

そんな彼が最もうれしいのは、小中学校に招かれることだ。子どもたちにインドの話をしたり、一緒にインド風のカレーを作ったりする。

「小学生は大好き。一番汚されてない年ごろやから、純粋で、ほんまに可愛い。そのまま大きなってくれたらええんやけど」

FMでは四月から新番組「一八〇〇」が始まった。

「自分の気に入った映画を紹介する番組なので、三月には二五、六本観ましたよ。困るのは、人に仕事と認められへんこと。うちの嫁はんにも同じこと言われるんやから」

ちなみに台湾からの留学生だった妻との間に二児がいる。ところで今後の抱負は？と尋ねると、

「もっといろんな仕事をやりたい。もちろん自分がインド人ということを忘れないけど、一人の人間として、ぼくの才能を使ってほしい。インド人としてだけ出るんやったら、カレーと象の話しかないでしょ」

日本人もビックリの話術で、笑いの中に辛口の社会批評を包み込むサニーさん。彼に一層活躍してもらうため、何かええ仕事おまへんか。

（二〇〇四年四月一一日）

◎付記　サニーさんの担当番組「一八〇〇」は金曜午後七～九時。

大城ロクサナ　「ワールド・キッズ・コミュニティー」コーディネーター／ペルー

放送を通じて人と人を結ぶ夢は両国をつなぐ仕事

Profile●ペルー生まれ。1991年来日。2000年「FM CO·CO·LO」DJ。同年民族ダンスグループ「バイランド·ペルー」結成。阪神大震災後、「W·K·C」スタッフ。「FMわぃわぃ」スペイン語番組担当。甲南女子大学講師。

Data●W·K·C=神戸市長田区海運町3-3-8。Tel 078-736-3012。ホームページ=「W·K·C」http://www.tcc117.org/facil-kids/kids/CBK.html。「FM CO·CO·LO」http://www.cocolo.co.jp。

◇ペルーのリマ・一九九一年

女「わたし、日本に行くわ」
男「何だって⁉　それで、いつ帰ってくるんだ」
女「……わかんない」
男「そんな……じゃ、俺も行く。すぐ結婚しよう！」

と、まるでメロドラマのような台詞を交わして故郷を旅立った二人。

ヒロインの名はロクサナ・オオシロ。南米大陸の西海岸、雄大なアンデス山脈と太古のイ

ンカ文明で知られるペルーの首都で生まれた。沖縄出身の祖父の顔は写真でしか知らないが、「チナ（中国人）」とからかわれると、「ハポネサ（日本人）と言いなさい！」と切り返すほど日系人としての誇りを感じていた。九〇年にフジモリ氏が大統領になると、日系人は歓喜に沸いた。

日本政府は八〇年代から日系人移民の優遇政策を始め、九〇年の「出入国管理及び難民認定法」改正法施行にともない、日系外国人に限り単純労働の門戸を開放した。とはいえ地球の裏側へ行く者は少なかったのだが、九〇年代になってペルー経済が悪化すると、希望者が急増した。

「わたしは貿易会社の秘書をしていましたが、給料で生活できなくなったので、日本に行く決心をしたんです」

新郎と共に山梨県に着き、ホテルで働いた。が、ドラマのように、たちまち二人の淡い夢は壊れた。

「日本語を知らず、習慣も違う

ので、体が動かなくなるほどショックを受けました。ペルー人は人間でなく、物のように扱われたんです」

自動車会社に転職したが、重労働のため、夫は二カ月間入院。知人の紹介で神戸市の製靴会社に就職。が、阪神大震災で会社が倒産し、長田区の会社に転職……とつらい日々の連続だった。ただ、神戸の人々はとても親切だったので救われたという。

異国暮らしの寂しさを紛らわせてくれたのは、関西の多言語放送「FM　CO・CO・LO」（こころ）だった。その放送局が二〇〇〇年にペルーの番組のDJを募集した。

「無理なことでもやってみるタイプなので受けてみたんですが、採用が決まったときはうれしくて涙が出ました」

毎週二時間、三人のDJがスペイン語を中心に情報を語り合う。この体験をきっかけに、人生が変わった。

同年、友人五人と一緒にペルー民族ダンス「バイランド・ペルー」を結成。

「ペルー人はダンス好きで、赤ちゃんは歩くより先に踊り出すと言われるほどです。わたしは伝統的な踊りよりサルサの方が好きでしたが、移民すると、自分の国の文化を大事にしたくなるものですね」

ダンスを通じてペルー文化を伝えるとともに、収益金を祖国の学校建設のために贈った。

また阪神大震災後に長田区で発足した「ワールド・キッズ・コミュニティー」（W・K・

C）のスタッフに加わった。多様な背景を持つ子や家族をサポートしながら、多民族・多文化共生社会の創造を目指す。そのため外国人家庭への家庭教師の派遣、情報紙発行など多彩な活動を展開する。阪神大震災後に日本で最初にできた多言語放送局「FMわぃわぃ」のスペイン語番組も担当し、放送を通じて人と人を結びつけていく。

自身も甲南女子大学講師を勤めながら、W・K・Cでもスペイン語を教えている。

「親は仕事に追われて日本語を学ぶことができず、子どもは日本語しか知らないので、親子がコミュニケーションをとれないという重い問題が起きています。ここで勉強した子が親と会話できるようになると、とてもうれしい」

彼女は、来日して一〇年になるが、状況はあまり良くなっていない、と顔を曇らせた。

「子どもは学校に行ってもよくいじめられるし、スペイン語を学ぶ所も少ない。親は日本語が分からないので、区役所や病院などどこに行っても困るし、悩みを相談する所もありません」

楽天的な彼女は「わたしの夢は、子どもたちが一〇年後に、ペルーと日本をつなぐ仕事をしてくれること」と語るが、日本がその夢を受け入れる国になるのはいつの日のことか。

（二〇〇四年八月二二日）

◎付記　「FMわぃわぃ」ではスペイン語番組「SALSALATINA」担当。水曜午後七時四五分〜九時。ホームページ＝「FMわぃわぃ」http://www.tcc117.org/fmy。

グエン・テ・フィ　リンクサービス　マネジャー／ベトナム

命賭けでベトナム脱出　助け合いの組織を作ろう

Profile●1961年ベトナム生まれ。79年技術大学に入学したが、徴兵を拒否し逃亡。81年ボートピープルとして来日。83年日本在住ベトナム人協会を設立し関西責任者。各種イベントや機関誌発行。コンピューター専門学校入学。2003年「リンクサービス」設立。
Data●リンクサービス＝兵庫県尼崎市東園田9-4-25-101。Tel06-6492-5322。

「わたしは命を賭けて脱出しようと覚悟しました。身動きもできないほどの小船に乗り、サイゴン近くの港から海に出たんです」

過ぎし日の追憶に浸るように淡々と語るグエン・テ・フィさん（四二）。文字通り、九死に一生を得た壮絶な物語に、私はただ呆然と耳を傾ける。

彼は一九六一年、ベトナム戦争の真っただ中に南ベトナムで生まれた。幼いころ家の側で炸裂した爆弾の音が今も脳裏に焼き付いている。

七五年、サイゴンが陥落し、祖国は統一された。ようやく戦争が終結した喜びも束の間、七八年に今度はベトナム軍によるカンボジア侵攻が始まった。翌年、技術大学に入学した彼を待ち受けていたのは徴兵だった。

「戦争に行けば死ぬし、拒否すれば投獄される。今のイラクと同じですよ。ポルポト政権が悪いからといって、外国が侵攻するのは許されない。だからわたしは逃亡を決意したんです。徴兵に応じた高校の友人は、半数以上が戦死しました」

　息詰まる逃亡生活が一年ほど経過した八一年の夏、親戚の人々がベトナムを脱出するため小船を購入した。長さ九メートル、幅三メートル。五〇人が乗り込んだ船はあてどもなく出航した。運を天に任せ、外国船に救助されるのを待つために。

　翌朝、激しい台風に襲われた。荒れ狂う風波に翻弄される船。転覆を避けるため、食糧も水も海に投げ捨てた。嵐が去ると、飢えと渇きにさいなまれた。そして五日目についに外国船に発見された。当時、三〇〇万人がボートピープルになり、六〇〜七〇万人が命を

アオザイコンテスト（2006年）

失ったと言われる。

船は香港に着き、日本を希望した三五人が姫路市のインドシナ難民センターに収容された。そこで数カ月、日本語を学んだ後、グエンさんは大阪で就職した。難民の受け入れを渋っていた日本が難民条約を発効させたのは翌八二年のことである。

彼は八三年、東京と大阪で日本在住ベトナム人協会を設立し、関西責任者となった。

「関西にはボートピープルとして来たベトナム人が六〇〇人ほどいましたが、孤独で、住居や就職問題に悩んでいました。そのころ、日本には在日コリアンがたくさんいて、自分たちのコミュニティや学校を作っていることを知り、わたしたちも助け合いの組織を作ろうと思ったんです」

協会では民族文化を守る様々なイベントを催

し、機関誌を発行した。同年、ベトナムでドイモイ（改革・開放）政策が開始され、八七年には難民の帰国も認められた。

彼はコンピューター専門学校に通い、九七年に結婚。妻も海上で四〇日間漂流した同胞だった。二人は四年後、二〇年ぶりに里帰りし、家族や友人と涙の再会を果たした。

「ベトナムはすごく変わっていました。ビルが増えたし、街もきれいになったし。でも貧富の差がひどくなって、貧しい子らを見るとたまらなかった。昔はみんなが貧しかったんですけど……」

彼は二〇〇三年に会社「リンクサービス」を設立。主に在日ベトナム人のために中古パソコンを世話しながら、翻訳・通訳の仕事や機関誌の発行を行っている。

現在（二〇〇四年）、在日ベトナム人は約一万五〇〇〇人と見られるが、多くの人が就職、結婚、教育などの悩みを抱えている。

「わたしは在日コリアンがうらやましい」と繰り返した彼の言葉に、私は胸を衝かれる思いがした。在日コリアンが自らの民族的権利のために培ってきた運動が、他の外国人の励みになっていた！

逆に、かつて日本が難民条約に加盟した際、難民問題を解決する政策の結果として、在日コリアンに対する差別制度も大幅に改善された。そうだ。在日外国人は国籍や民族の違いを超えて連帯してこそ、共通の目標を成就できる、と改めて実感した。

（二〇〇四年五月九日）

斎藤ネリーサ

フィリピンコミュニティ連絡会会長／フィリピン

悩みを描いたミュージカル
大変でもユーモアを忘れず

Profile●1956年フィリピン生まれ。大学・大学院時代に演劇を学ぶ。80年大学演劇芸術部講師。81年来日。84年「関西日比友の会」結成。大阪外大講師。95年ミュージカル「ロレッタの物語」上演。98年フィリピン独立100周年記念実行委員会共同代表。関西フィリピンコミュニティ連絡会代表。99年「ザ・ガイジン」上演。2002年フィリピンコミュニティ連絡会会長。
Data●フィリピンコミュニティ連絡会=Tel 06-6963-2820。

「フィリピン人は楽天的でね。朝起きたら真っ先に音楽のスイッチを入れるし、お祈りするときも歌うんですよ」

にこやかに語る斎藤ネリーサさんは在日フィリピン人コミュニティのリーダーとして多彩な活動に奔走する。中でもミュージカルの脚本・演出家としての活躍ぶりは、かつて少なからぬ演劇の演出をした私としては大いに興味をそそられる。

ネリーサさんは一九五六年、ルソン島で生まれ、国立大学・大学院時代に演劇を学ぶ。八〇年、大学で演劇芸術部講師を勤めていたころ、日本から出張に来た男性と恋に陥り、翌年に来阪した。

「でも当時は、わたしがフィリピン人と言うと相手の目が変わるので、少しびっくりしましたよ」

専業主婦の彼女の楽しみは教会だった。そこに行けば、同じような悩みを抱えた同胞に会うことができたから。

しかし八四年、戦後フィリピンから帰還した日本人や同胞らと共に関西日比友の会を結成して以後、持ち前の行動力を発揮していく。各種のイベントや情報交換を推進する一方、大阪外国語大学講師となり、フィリピン語の学習に演劇指導を取り入れた。

とりわけ思い出深いのが、九五年に上演したミュージカル「ロレッタの物語」だ。
「DVや離婚問題を描いた作品ですけど、重たいテーマをコメディータッチで軽く見せるのがわたしのやり方なんです。フィリピ

ン女性はどんなに大変な状態でも、ユーモアをなくさず生きていますから」

登場人物は二五人で、ズブの素人ばかり。同胞だけでなく、外大生など多数の日本人もキャストやスタッフとして協力してくれた。公演は大成功となり、幕が下りるとみんなが抱き合って涙を流した。

この舞台をきっかけに、総領事館との関係が深まっていく。フィリピン独立一〇〇周年を迎えた九八年には、実行委員会共同代表に推挙された。パレード、フードフェア、美人コンテストなどの催しの中で、目玉がミュージカル「フィリピンの歴史」だった。

「毎週数回ずつ練習したんですが、フィリピン人の集まりには必ずメリエンダ（おやつ）が必要なんです。みんながバヤニーハン・スピリット（助け合い精神）でいろんな食べ物を持ってくるし、子どもらは走り回るし、大騒ぎの連続でしたよ」と笑うが、「フィリピン人は本番に強い」とのことで、舞台は拍手大喝采を浴びた。

それを機に、同年、関西フィリピンコミュニティ連絡会（ＰＣＥＣ）が組織され、彼女が代表に選ばれる。

「日本人に、わたしたちが暮らしていることを、たとえ理解はできなくても認めてほしかったので、官民のバランスのとれたコラボレーションを進めたいと思って引き受けたんです」

ＰＣＥＣは祖国の文化を紹介したり、各地に連絡網を作ったりする運動を展開する半面、アキノ氏をはじめ歴代大統領が訪日するたびに歓迎会を催すといった公的な行事でも重要な役割を果たした。

彼女は九九年には、国際結婚やいじめ問題を扱った「ザ・ガイジン」を演出。学校でいじめを体験した我が子が、舞台に出演して民族的アイデンティティーを取り戻したことが何よりうれしかったという。

ＰＣＥＣは二〇〇二年に現「フィリピンコミュニティ連絡会」（ＰＣＣＣ）に改組され、ネリーサさんが会長に就任した。網羅された団体は西日本全域で四二グループにのぼる。

個々の日本人は親切なのに、群れとしての日本社会や日本国家は外国人に対して閉鎖的すぎる、という指摘をしばしば耳にする。

「日本は国際化しないと生きていけない国なのに、欧米ばかり見て、アジア人を認めてくれない。もっと全ての外国人の問題を見つめて欲しい」と強調する彼女の言葉をしっかり胸に受け止めて欲しいものである。

（二〇〇四年四月二五日）
◎付記　ネリーサさんは二〇〇五年、フィリピンコミュニティ連絡会アドバイザーに就任。

ミュージカル「ザ・ガイジン」公演（1999年）

祖父母の誇りを子どもらに
日系ブラジル人の生活相談も

松原マリナ 関西ブラジル人コミュニティ代表／ブラジル

Profile●1953年ブラジル生まれ。体育大学卒。88年来日。阪神大震災後、豊中、神戸、伊丹市などの教育委員会から指導員に任命。98年FMわぃわぃDJ。99年ワールド・キッズ・コミュニティでボランティア活動。2001年関西ブラジル人コミュニティ発足。

Data●関西ブラジル人コミュニティ=兵庫県神戸市中央区山本通3-19-8(旧神戸移住センター内4階)。Tel 078-251-2522。ホームページ=http：//www 16.ocn.ne.jp/～cbk.bras。

船が出る。生涯を賭けた夢と不安を乗せて。向かうは遙か太平洋の彼方、ブラジル。

JR元町駅から北へ一〇分、古びた五階建てビルに突き当たる。一九二八年、南米への移民が日本最後の数日を過ごすために建てられた旧神戸移住センターである。一〇〇万人にのぼった移民の四割がここから旅立ったと言われる。一階には当時の記憶をとどめる神戸移住資料室。

この建物の四階に関西ブラジル人コミュニティ（CBK）の事務所がある。代表の松原マリナさんは「戦前父は静岡、母は熊本に住んでいたんですが、米に大根や芋を混ぜて食べるほど大変な生活だったのでブラジルに移住したそうです」と語る。

彼女は、サンパウロ市に引っ越した両親のもとで一九五三年に生まれた。裁判所の事務員として働きながら弁護士大学に入学したが、スポーツが大好きだったため体育大学に編入。卒業後はスイミングスクールのコーチを勤めた。

日系サッカーチームの選手だった松原ネルソン勝《まさる》さんとの結婚後、夫が日本のチームから誘われたのを機に八八年に来日。夫は今もヴィッセル神戸サッカースクールのコーチとして後進の指導にあたっている。

阪神大震災の直後に神戸に移住した彼女は、やがて豊中、神戸、伊丹市などの教育委員会から指導員に招かれ、日系ブラジル人の子どもたちのケアを担当する。

「子どもたちはポルトガル語しか分からず、文化も違うので、トラウマ（精神的外傷）になりやすいんです。わたしの娘も初めのころは、学校に行こうとすると必ず

フットサル大会（2005年）

熱が出たものでした」
九八年には多言語放送局のＦＭわぃわぃでＤＪを担当。翌年からは、在日外国人の子どものサポートを行うワールド・キッズ・コミュニティ（ＷＫＣ）でボランティア活動に加わった。そして二〇〇一年にＣＢＫを立ち上げ、〇三年に独立した事務所をかまえることになったのである。

ＣＢＫではポルトガル語教室、生活相談、フットサル大会など様々な活動を行ってきた。毎年六月には、ブラジルの収穫祭であるフェスタジュニナを催し、民族料理やダンスなどで大いに盛り上がる。

中でも有意義だったのは、〇三年から始めた移民祭である。日系三・四世が中心になり、移民に関する映像や一世のインタビュー、祖父母に習ったお手玉などを紹介すると、確かな反響があった。

「日系の子は移民の話を知らないんです。移民祭で初めて歴史を知ってから、『おじいちゃん、おばあちゃんは日本を捨てたんじゃなかった』と分かり、しっかりしたアイデンティティーを持つようになった子もいますよ」

話題が教育問題になると、話に一層熱がこもってきた。

「日系の子どもの大きな問題は、学校に行かない子が多いことです。いじめなどの理由もありますが、親が日本の教育システムを知らなかったり、ある中学校では、日本語が分からなければ受け入れられないと言われたケースもあったんです」

日本国籍であれば義務教育なのに、外国籍であれば、「恩恵」としてしか受け入れない制度。子どもの権利条約を云々するまでもなく、子どもの教育権は国籍に関わらず、ホスト国が絶対的に保障しなければならないはずだが。

「ブラジルでは、移民を人間として認めてくれました。わたしも自分がブラジル人か日本人か悩んだ時期がありましたが、国籍を日本に変えようと思ったことはありませんでしたね。親が家族や日本のために遠い国まで移民したことに誇りを持っているからです」

一世紀前、棄民政策のようにして多数の移民を送り出したこの国は、はたして先祖の懐に戻ってきた孫を温かく抱きしめていると言えるのか。「子どもたちに国の文化を教えてくれる所がないのはとても残念です」と語るマリナさんたちの声にどう応えるかが問われている。

（二〇〇五年二月六日）

マリア・コラレス

聖母被昇天修道院シスター／スペイン

神の教えは現世で実践
外国人の人権擁護に奔走

Profile●1936年スペイン生まれ。修道院に入り20歳でシスターになる。59年来日。在日韓国人の指紋押捺拒否運動、釜ケ崎の日雇い労働者や滞日外国人・難民の人権を守る運動などに尽力。2000年エルサルバドルで開催された第12回ラテンアメリカ国際市民連帯会議に参加。

Data●聖母被昇天修道院＝大阪市西成区旭1-2-2。Tel 06-6636-3932。

「わたしは神のことを伝えようと思って宣教活動をしてきましたが、日本に来てからわたしの信仰は完全にひっくり返されました」

大阪市西成区にあるカトリック聖母被天昇修道院で、シスターのマリア・コラレスさんが語る意外な言葉に私はたじろぐ。

一九三六年、スペインの首都マドリッド。敬虔なキリスト教徒の家庭で生まれた少女は、修道院に入り、二〇歳でシスターになった。三年後、日本に渡り、自分と同じような幸せを人々に分けてあげようと布教活動に専念した。が、思いもよらぬ「三つの出会い」によって意識が激変した。

八〇年、在日韓国人一世の韓宗碩《ハンジョンソク》氏が外国人登録証の指紋押捺を拒否したのを契機に、外国人を犯罪人のように扱う制度への反対運動が全国に拡大した。

「ある日、集会に行くと、韓国人の方が『日本で六〇年間暮らしてきたが、一日として平和な生活をしたことがない』とおっしゃいました。韓国人は名前さえ通名を使わざるを得ないことを知り、本当に驚きました」
シスターは自ら指紋押捺を拒否した。日本政府に対する抗議と同時に、同じキリスト者に対するアピールとして。
「教会で指紋の話をすると、みんなが『それは分かっているが、教会でする話ではない』と言いました。『神は全ての人を愛する』と教えながら、苦しんでいる人の問題に対して黙っているのは、協力しているのと同じです。わたしは神を信じていますが、最も苦痛を受けている人々と共にいる神を信じているのです」

指紋押捺拒否が自分の出発点というシスターの目は、釜ケ崎に向けられていく。真冬に数百人が野宿し、毎年数十人が死亡する現実！

「夜にパトロールすると、人が路上で冷たくなっている。警察に連絡すると、死体が運ばれていき、次の日も同じように人が死ぬ。回転ドアの事故が起こったらすぐ大ニュースになるのに、釜ケ崎では何十年間何も変わらない。行政の怠慢や社会的無関心を見過ごすことはできません」

第三の出会いは滞日外国人だった。阪神大震災の直後、国内外から多額の義援金が寄せられ、日本赤十字社を通じて被災者に配布された。が、オーバーステイの人々は受け取れないと聞いて交渉に行くと、日赤側は罹災証明書・身分証明書・在住証明書の三点が必要だと言った。

「在住証明書を取るのが難しい外国人は、教会で証明書を出すと言っても拒否されました。しかも日赤の職員は『あの人らは何をするか分からない』と何度も言ったので、窓口で大喧嘩したんです」

以後、難民や滞日外国人の人権を守るために奔走が続く。「法より人権が先にある」という信念のもとに。

こうした揺るぎない信念はどこから生じているのか。

シスターは二〇〇〇年、中米のエルサルバドルで開催された第一二回ラテンアメリカ国際市民連帯会議に参加した。貧しい人々の側に立ったオスカル・ロメロ大司教が八〇年に暗殺されて以後、神のメッセージを死後でなく、現世で実践すべきだという立場で運動してきた人々の集いである。

ラテンアメリカでは六〇年代後半から、抑圧者と鋭く対決する「解放の神学」が起こった。時には宣教師が武器を取って戦うことも肯定する運動に賛否両論が沸き上がり、世界の教会の在り方に重大な影響をおよぼした。ロメロ大司教は、神父やシスターが殺されるのは貧しい人々と一緒にいるからであり、ある意味では喜ばしいことだとさえ語っていたという。

メーデーのデモに参加する集会（2001年）

「〝解放の神学〟は、実はキリストの本来の教えに戻ろうとするものです。日本では何をしても殺されることはありませんが、それくらいの覚悟で、みんな一緒に人間中心の社会を創っていきたい」

私は宗教者ではないが、シスターの言葉に「アーメン」（「そうです」の意）とこたえたいと思う。

（二〇〇四年七月一八日）

悩める外国人女性のために太陽になり温めてやりたい

三輪イルマ　臨床心理学士／メキシコ

Profile●1958年メキシコ生まれ。82年来日。88年千葉県習志野市で国際交流協会が発足し民間文化大使。民族舞踊グループ「アミゴス」結成。95年から外国人のためのカウンセリング。99年「イベロアメリカこころの支援研究会」結成。3大学でスペイン語講師。

Data●arauzirma@jcom.home.ne.jp。インターナショナルプレスのホームページhttp://www.ipcdigital.com/es。

「わたしは人間が大好きで、いつも何かをしてあげたいと思っています」

千葉県八千代市に住む三輪イルマさんは、外国人のための数少ないカウンセラーの一人として多忙な日々を送る。

一九五八年、メキシコ合衆国。古代ピラミッドの遺跡が多数残り「天使の村」と呼ばれる文化産業都市プエブラ市で弁護士の家庭に生まれた。大学で心理学を学び、臨床心理学士の資格を取った。

子どものためのクリニックで勤務していたころ、メキシコ旅行に来た日本人と出会った。

二人は電話と手紙で交際を続け、メキシコで挙式した後、八二年から千葉県に住みついた。

「ご両親やお友達が親切にしてくれたし、毎日珍しいことばかりで、わたしはスポンジみたいに全てを吸い込んだものです」

ところが長男が小学校に入学して間もないころ。学校に呼ばれていくと、女教師が「お子さんに変な言葉を教えず、日本語だけにして下さい」と言った。驚いて校長に相談してもまともな対応をしてくれなかった。

「長男はとても明るい子だったのに、それから暗くなって学校に行くのを嫌がりました。先生は子どもの心を殺したんです」

長男は幸い、転校してから明るさを取り戻したというが、教師らの異常な人権感覚には慄然とする。

その後、外国人出稼ぎ労働者の支援活動を始めたのをきっかけに、八八年、日本人と共に習志野市で初の国際交流協会を発足。民

民族舞踊グループ「アミゴス」

間文化大使となり、言語や料理を指導するボランティア活動に精を出した。一〇カ国の人々で作った民族舞踊グループ「アミゴス」(友達)は各地で公演するたびに喝采を浴びた。
「メキシコ人はみんな踊りが大好きで、音楽を聞くと勝手に体が動き出します。わたしは今もサルサやタンゴを習っているんですよ」
一方、九五年から自宅で外国人のためのカウンセリングを始めたのを機に、横浜や川崎でも診察活動を行うようになった。
「出稼ぎで来た人は、奴隷のように働かされたり、子どもの問題が生じたりして精神的な病気になりやすい。また国際結婚で来た女性は、ストレスがたまりやすい。小さいころからたっぷり親の愛情を受けてきた彼女たちにはスキンシップが必要なんですが、夫が応えてくれないので寂しくなり、夫婦関係がさめてしまうこともあります」

ひどい場合は、それがＤＶに発展する。女性が警察に訴えても、信じてくれなかったり、夫婦間の問題だと取り合ってくれなかったりする。

「子どもがいないと、離婚すれば強制送還される恐れがありますから、永住権を取ってから離婚するケースが増えているんです」

活動するにつれて、遠方の外国人からも多数の電話相談が来た。悩みを抱えていても、相談する所さえない女性は数知れない。そのため九八年から、ポルトガル語とスペイン語の新聞『インターナショナルプレス』に毎週コラムを書き始めた。テーマはセクシャル・カウンセリングやメンタルヘルス。今は、国際結婚に関する本を執筆中だ。多数の人々からアンケートをとったのをもとに、望ましい夫婦関係の在り方についてアドバイスしようと考えている。

三輪さんは九九年、精神科医の阿部裕氏（明治学院大学教授）らと共に「イベロアメリカこころの支援研究会」を結成し、ラテンアメリカ系の人々に対する支援活動を行っている。また三大学でスペイン語講師を勤めながら、講演、シンポジウム、テレビ出演などに追われる日々が続く。

「わたしは恥ずかしがり屋ですが、元気いっぱいが取り柄なので、みんなの太陽になって温めてやりたい」という彼女の心は、きっとカラッと暑いメキシコの太陽のようなのだろう。

（二〇〇四年九月五日）

メレデス・長谷川
COMMUNITY HOUSE & INFORMATION CENTRE 所長／オーストラリア

在日外国人へ生活情報提供
多文化を互いに尊重し合って

Profile●1972年オーストラリア生まれ。大学生時代に来日。2001年神戸に来てCHIC所長に就任。生活相談や情報提供をメインに、各種講座、生け花・料理・書道教室、1日旅行、子ども向け体操、パーティーなどを企画・運営。

Data●CHIC=神戸市東灘区向洋町中5-15 RICセントラルタワー3F。Tel 078-857-6540。ホームページ=http://www.chickobe.com。

ＪＲ住吉駅から六甲ライナーに乗り換え七分。アイランドセンター駅で降りると、まるでヨーロッパのような美しい町並みが広がる。駅に隣接したＲＩＣセントラルタワーの三階にある「コミュニティハウス&インフォメーションセンター」（ＣＨＩＣ《チック》）は関西で在住する外国人のための情報センターだ。

所長のメレデス・長谷川さんは「ここは英語によるインフォメーションサービスが基本ですが、カルチャーセンター的なこともしていて、日本人もたくさん来られます」とにこやかに説明してくれる。

一九七二年、オーストラリア最大の都市シドニー生まれ。大学生時代にワーキングホリデーを利用して初来日し、「人が多いのにビックリしましたが、皆さん親切なので、とても印象が良かった」という。そのとき知り合った日本人男性と五年間の交際が続いた末にゴールイン。二〇〇一年に神戸に来て、間もなく所長に就任したのだった。

同センターは、三宮にあったユニオン教会のアーサー・ギャンブリン牧師が七七年に設立し、八八年には神戸国際交流賞を受賞した。現地に移転したのは九一年。一一名からなる理事会によって運営され、約四〇人のボランティアが協力している。会員は三〇カ国の二〇〇家族で、その四分の一が日本人である。

生活相談や情報提供をメインにしつつも、活動は多岐にわたる。日本や各国の文化を学ぶ講座、生花・料理・書道教室、一日旅行、子ども向けの体操・テコンドー教室やパーティ等々、様々なイベントが目白押しだ。月に一度は、新入居外国人を歓迎すると共に、メンバー同士の親睦を図るためのコーヒーブレイクも開いている。

中でも好評なのは生活ガイドブック『LIVING IN KOBE』の出版だ。出入国手続きから交通、観光、ショッピング、文化など幅広い情報が二三四ページにわたって満載されており、神戸に来た外国人にとって定番の生活指南書となっている。

「いろんな問題で困っている人に手助けしてあげて、満足した表情を見ると、とてもやりがいを感じます。特に英語を使える病院やお店などを教えてあげると、すごく喜ばれますね」

ところでオーストラリアは、かつてはほとんどの移民がヨーロッパ系だったが、七〇年代以降、多文化主義政策へと転換し、アジアをはじめ各国からの移民や難民を多数受け入れてきた。

「子どものころから常に外国人が側にいたので、他の人が異なる文化を持っているのはごく当たり前のことと思ってきたし、いつも多文化的なものに囲まれていました。言語の面でも、移民に無料で英語を教えるシステムを政府がたくさん提供しています」

私は十数年前に訪米した際、履歴書に写真を張るのは、人種差別につながるので禁止だと聞いて驚いたものだが、今ではもっと時代が進んでいる。オーストラリアをはじめ多くの国では、求人募集で性別や国籍はもちろん、年齢制限も設けてはならず、永住権さえ取得すれば公務員にも採用される。女性は結婚や妊娠を理由に解雇されることはなく、長期間の育児

生け花教室

休暇後には必ず職場に復帰できる。

人間はそれぞれ固有のアイデンティティーや文化を持っている。そうした「違い」を互いに尊重し合ってこそ、社会はより豊かに発展することができる。あらゆる立場の人々が融合する社会を創造するために、同センターのような心の触れ合いの場がもっと増えることを望みたいものだ。

四年間、多数の外国人へのサポートに尽力してきた彼女は、来春（〇六年）、家族と共に故国に帰るとのことである。

「日本での生活は非常に充実していました。帰国してからもぜひこの経験を生かしていきたい」

懐かしい母国の懐に戻ってからも、有意義で幸多き生活を営まれることを祈りたい。

（二〇〇五年一二月四日）

第4章

遙かなる祖国を想う

ウェルク・テコラ／エチオピア
川井ピヤラット／タイ
川島カンピー／タイ
トーマス・C・カンサ／南アフリカ共和国
ババラム・イナンル／イラン
マウンマウン／ビルマ
松尾カニタ／タイ
ラジィ・サタル／アフガニスタン

ウェルク・テコラ

ナイル動物病院院長／エチオピア

ペットの命と健康を守り危機に瀕した祖国を憂う

Profile●1955年エチオピア生まれ。74年に起こった革命による人民虐殺から逃れるため米国に留学し薬学専攻。83年来日。大阪府立大農学部獣医学科に進学し、94年ナイル動物病院開業。2005年小野原動物病院オープン。
Data●ナイル動物病院=大阪府豊中市熊野町2-10-2。Tel 06-6843-4220。ホームページ=http：//www.nile-hospital.com。

イグアナ、亀、ハムスター……、犬や猫だけでなくあらゆる生き物がやって来る。豊中市にあるナイル動物病院は、エキゾチックアニマルや小動物のための数少ない診療所である。院長のウェルク・テコラさん（五〇）は、「どんな動物でも基本はだいたい同じ。人間と同様、高齢化とか精神的ストレスとかの問題が病気として表れるのです」と語る。

一九五五年、赤道に近いエチオピアの田舎で生まれた。高校卒業後、米国に留学し、薬学を専攻。そこで日本人の妻と出会い、八三年に来日。大阪府立大学農学部（現生命環境科学部）獣医学科に進んだ後、九四年に開業した。その後、箕面市にも小野原動物病院を開き、三人の獣医師と共に治療活動に励んでいる。

彼は「ペットは人間にとてもプラスになる」と強調する。特にお年寄りや一人暮らしの女性などにとって、ペットは生活の喜びや生き甲斐につながる。とはいえ安易なブームには警告を発する。

「ここに来る人たちは、本当にペットを家族の一員と思っていますが、動物を電化製品と同じ感覚で買い、気に入らなければ捨てる人もいます。テレビの影響でブームが起こるのは怖いですね」

たとえ基本は同じと言えども、タイプの異なる動物を治療するため、毎日が勉強だという。「家族の一員」の生命と健康を守るため、絶え間ない努力を注ぐ。
では、彼はなぜ獣医師の道を選択したのか。その足跡を辿れば、戦慄するような悲劇が浮かび上がってくる。
エチオピアといえば、マラソン

小野原動物病院

のアベベ選手がローマ大会（一九六〇年）と東京大会で二連覇を成し遂げ、世界にその名をとどろかせたが、その後は貧困や内戦といった惨状ばかりが伝えられる。

七四年、メンギスツ議長の率いる社会主義革命によって王制が廃止された直後から残酷な粛清の嵐が吹き荒れた。

「二〇〇万人が虐殺され、農民だった両親も殺されました。わたしは田舎への奉仕活動に送り込まれましたが、学生同士でも激しい対立が起こって。そんな現実を見ているうちに、人間より動物を相手にしたいと思うようになったんです」

米国に亡命した人は五〇万人にのぼった。国境を脱出しようとして殺害された人も数知れないが、彼は幸運にも留学の形で渡米することができたのだった。

祖国では八七年にメンギスツが人民民主共和国を樹立したが、今度はメレスの率いるグループが首都を襲撃し、九五年に新政権を発足させた。

しかし相次ぐ内戦や旱魃などによって、国土は荒廃し、飢饉のため、人口六四〇〇万人のうち一四〇〇万人の命が危機に瀕している。

国際的な批判が強まる中、今年（二〇〇五年）の五月に総選挙が行われた。投票率は九〇パーセントに達し、ようやく民主主義が来るという期待が高まったのだが。

「選挙後、独裁政権は平和的なデモにまで弾圧を加え、一〇〇人以上を殺害しました。五〇〇〇人以上が拘束され、拷問を受けるという状況は今も続いています」

彼はホームページ上で、祖国の実情を訴えているが、ウクライナの政変では世界の注目が寄せられたのに、祖国には目が向けられないことに無念の想いを押さえきれない。

駅まで送ってくれた車中で、彼がつぶやいた言葉が胸に染みた。

「故郷は見渡す限り緑の草原でしたが、今は砂漠になり、水さえありません。自然を元に戻すことがわたしの夢ですが、とてもそんな状況では……。でもいつか民主的な選挙が実現すれば、きっと発展すると信じています」

人であれ動物であれ、体の一部の痛みは全身の痛みである。ましてアフリカの苦痛の背景には、欧米諸国によって踏みにじられてきた歴史があるのに、国際的な支援が届くのはいつの日か。

（二〇〇五年九月二五日）

川井ピヤラット　サワディー・プロジェクトスタッフ／タイ

スラムの子らに生きる希望を絵本贈り日本文化伝える

Profile●1957年タイ生まれ。米国留学後、チェンマイ大学助教授。88年MCR財団発足。89年来日。箕面市国際交流協会活動に参加。92年「カルナーの会」設立。98年「サワディー・プロジェクト」発足。タイに絵本を贈る運動。04年ひかりの童話朗読コンクールペア部門最優秀賞。
Data●財団法人箕面市国際交流協会=Tel 072-727-6912。ホームページ=http://www.mafga.or.jp。

「タイのスラムでは、親はお金があると、本よりも食べ物を買います。わたしたちは子どもたちに、絵本を通じて考える力をつけ、良い習慣を学んで欲しいんです」

大阪府箕面市に住む川井ピヤラットさんが絵本を贈る運動に携わって七年。「子どもたちはとても喜んで、借りる本を待っているそうです」とほほえむ。

一九五七年、タイ南部のヤラー県で、貴金属店を営む両親のもとに生まれた。ヤラーはいくつもの言語が飛び交う多民族居住地域で、父は中国人、母は中国人とタイ人の血を引いていた。

教師に憧れていた彼女は、チュラロンコン大学教育学部卒業後、ＷＨＯ（世界保健機関）のソーシャルワーカーとして勤務した後、二年間米国に留学した。帰国すると、カンボジア内戦による多数の難民キャンプが生じていた。

「ＪＶＣ（日本国際ボランティアセンター）のスタッフに応募したんですが、各国の人々とよくディスカッションしたことが大きなインパクトになりましたね」

半年後、チェンマイ大学助教授に就任した時期に知り合ったのがカナダ人精神科医のマーセル・チャールス・ロイ（Ｍ・Ｃ・Ｒ）博士だった。彼は世界各地にＭＣＲ財団を作り、アジアの子に対するサポートを行っていた。二人は八八年にチェンマイで財団を発足させ、貧しい子らに一対一で教育支援する活動を開始した。

翌年、彼女は文部省（当時）国費留学生として来日。大阪外国語大学で日本語を学んだ後、大阪大学人間科学部研修生となる一方、日本人と外国人の交流を促進する

千里国際学園でのタイダンス公演（2002年）

箕面市国際交流協会（以下、協会）の活動に加わった。その過程で夫と出会いゴールイン。また有志と共に九二年に「カルナーの会」を設立し会長となった。「カルナー」はタイ語で「慈悲」を意味する。

タイでは近代化が急速に進行し、農村から都市部へ労働者が流入するにつれてスラムが激増した。

会では、スポンサー希望者が子どもの里親となり、毎月二〇〇〇円をＭＣＲ財団を通じて送金した。里子から送られてくる手紙を読むと、心底やりがいを実感した。が、日本の言語や文化をよく知らないうえ、赤ちゃんをおぶって活動に奔走するあまり、激しいストレスにさいなまれたことも少なくなかったという。

九八年、協会の企画でタイへのスタディ・ツアーが行われ、養護施設にいる子どもたちとの感動的な対面が実現した。これを機に、彼女は会を離れ、今度は協会が主体となるボランティアグループ「サワディー（こんにちは）・プロジェクト」を立ち上げた。そしてタイ文化に触れる各種イベントを行いつつ、最も力を注いできたのが絵本を贈る運動だった。

「以前、タイの子どもたちに日本に関する絵を描かせたら、侍や着物の絵ばかりでビックリしました。絵本なら正しい日本の文化を伝えることもできますから」

不用になった絵本を集め、タイ語の翻訳シールを貼り付け、現地のNGOを通じてスラムなどで暮らす子どもたちに配る。タイ語訳が完成している絵本は『いいおかお』（福音館）など七三冊にのぼる。

彼女は現在、同協会評議員、みのおコミュニティ放送番組審議員を勤めながら、各地でタイ語やタイの音楽・舞踊・瞑想・マッサージ・料理などを紹介する活動を進めている。また一昨年（二〇〇三年）には、娘と一緒に紙芝居を作り、箕面手作り紙芝居コンクール特別賞坂本一房賞、昨年にはひかりの童話朗読コンクールペア部門最優秀賞を受賞した。

「タイの人はゆっくり、のんびりしていて、頑張らなくても生きていける国」と懐かしそうに語る。そんな地で苦労を強いられる子どもたちに役立つなら、家で眠っていたり、廃棄されるだけの運命にある絵本を大いに再利用してもらおうじゃありませんか、皆さん！

（二〇〇五年四月一〇日）

川島カンピー　クルンラムタイ代表／タイ

贈り物は豊かな「心」子どもの教育に誠を尽くす

Profile●1966年タイ生まれ。86年来日。帰国し、7年後に再来日。夜間中学入学後、通訳等のボランティア活動開始。高校定時制を経て、現在帝塚山学院大学3回生。毎年故郷の学校を訪問し文房具等を寄贈。2002年「クルンラムタイ」を発足し各地で公演。
Data●クルンラムタイ=Tel 090-5151-7903。

小学校は五つの村に一つ。低学年は机も椅子もない。文房具は全教科にノート一冊と鉛筆一本だけで、消しゴムはクラスのみんなで使い回す。――川島カンピーさんはそんな環境で育った平凡な女の子だった。

故郷は首都バンコクから三五〇キロ離れたナコンサワン県。一九六六年に生まれ、水道局で勤務する父の仕事の都合で各地を転々とした。

高校を中退してレストランで働いていたころ、青年海外協力隊員だった夫と出会い、二〇歳のときに大阪に来た。ところがたちまち言葉と文化の壁にぶつかった。

耐えきれなくなり、息子を連れて帰国し、七年間過ごすうちに娘も出産したのだが、息子を現地の日本人学校に入れると、「外国人！」といっていじめられた。そのため子どもの教育を考えて再び日本に来たが、息子は外へ出るのが怖くて家に閉じこもってしまった。
「先生から小学校に来るように電話をいただいたんですが、一学期が始まる日、わたしも息子も家の隅に引っ込んでいました。そしたら近所の子どもたちが迎えに来てくれてね。すごくうれしくて、二人でいっぱい泣いたんですよ」
息子は学校に通うようになったものの、母親として最もつらかったのは、学校からの通知が読めないことだった。家の近くに夜間中学があることを知って行ってみたら、八つのクラスで一二カ国の人たち九〇人ほどが学んでいた。
「初めのうちは、知らない漢字を聞きに行くだけでしたが、少しずつ勉強の仕方が分かってきて、子どもの宿題を見られるようになってくると、夢中になって。五

ナコンサワン県の小学校の子どもたち（2005年）

年間通ってるうちに、必ず大学まで行こうと心に決めたんです」
鳳高校定時制に進学し、「生まれ変わったように」勉強に励んだ。そして二〇〇四年、高校から推薦を受けて、帝塚山学院大学人間文化学部に入学し、現在（〇六年）三回生である。
彼女は夜間中学生時代から、「困っているタイ人を助けてあげたい」という一心でボランティア活動を行ってきた。大阪国際交流センターにすすんで登録し、通訳の仕事があるたびにどこへでも出かける。
特に思い出深いのは、長居競技場で開催された障害者卓球大会のときだ。タイから十数人の選手や監督がやって来た。一緒に泊まり込んで親身になって世話をしてあげると、選手たちは「生まれて初めて人間扱いをしてもらった」と言って感激の涙を流した。

また彼女は毎年一度、故郷の小学校を訪問する。ノートや鉛筆などのささやかな贈り物を持って行き、給食を作り、ドッチボールや折り紙を教えてあげる。

「それだけでも、子どもたちはわたしが来るのをとても楽しみに待っていてくれるんです。帰るときにはみんなで見送ってくれるから、一緒に行った友達も泣きながら手を振っていましたね」

友達というのは、「クルンラムタイ」の仲間たちだ。「クルン」はグループ、「ラム」は舞踊。四年前にタイ舞踊を教えてあげたのがきっかけで発足し、よく老人ホームや学校に行って踊りを披露する。

そうした活動を通じて、彼女のことが口コミで広がり、寄付金や文房具などが寄せられるようになってきた。今年はノート一〇〇〇冊を六校に持って行けそうだと笑顔を見せる。

「日本の学校には物がいっぱいあります。でもわたしは決してタイの子どもが日本の子どもに劣っているなどと思いません。それどころか、日本の子どもが忘れかけている〝一生懸命な心〟を持っていると思います」

子どもたちにとって、いや人間にとって必要な豊かさとは、物ではなく、心であるはずだ。とすれば、愛する我が子のために、祖国の人々のために、ひたすら誠を尽くす彼女の生き方の何と豊かなことか。


（二〇〇六年四月二三日）

トーマス・C・カンサ

ヒランガニ・ンゴタンド代表／南アフリカ共和国

反アパルトヘイトの詩
故郷に車椅子三七〇〇台

Profile●南アフリカ共和国生まれ。アパルトヘイトに反対し12歳で逮捕された後、反政府運動闘士・詩人となる。79年英国亡命。84年来日。英会話講師。詩集出版後、祖国に救援物資や車椅子を送る。99年度シチズン・オブ・ザ・イヤー賞。

Data●ヒランガニ・ンゴタンド=大阪市平野区平野宮町1-6-1。Tel 06-6793-8023。郵便振替00980-5-125439トーマス・C・カンサ。

以前、大ヒットした「遠い夜明け」（アッテンボロー監督）。南アフリカ共和国の人種差別を告発したこの映画に、世界中の人々が涙を流した。が、まさにアパルトヘイト（人種隔離政策）の真っただ中で生まれ育った詩人トーマス・C・カンサさんは「二度と見たくない」と切って捨てる。忌まわしい過去を思い出したくもないからである。

人口のわずか一パーセントの白人が国家を支配する南アでは、一九一一年に最初の人種差別法が制定されて以後、徹底した黒人差別政策が貫かれた。

「食堂も電車も白人用と黒人用に分けられ、黒人の家、学校には電気も水道もない。抵抗すれば逮捕され、拷問を受ける。わたしが最初に逮捕されたのは一二歳でした」

学校を出て建築関係のエンジニアとして働いたが、給料は白人の半分以下。宿命のごとく、反政府運動の闘士になった。抵抗の詩を書き、各地の集会で朗読した。七九年、亡命のようにイギリスに渡った。ロンドンに到着した日、彼は生まれて初めての体験をする。

「空港の椅子に座っていると、隣にいた白人女性から『サー』と話しかけられたんです。わたしは驚き、どぎまぎしました。イギリスでも黒人差別はありましたが、仕事を探しに行くと、『ああ、いいよ』と採用してくれ、給料も白人と同じ額をくれた。ヨーロッパで五、六年暮らすうちに、白人に対する認識は大きく変わりました」

　ロンドン留学中だった日本人女性と出会い、結婚を機に八四年に来日。世界から非難を浴びていたアパルトヘイトが終結したのは九一年。黒人指導者ネルソン・マン

南アフリカ共和国・ソウェト

デラ氏が大統領に選出されたのは九四年のことである。

「初めて選挙に参加した日、東京の大使館まで行って投票した喜びは生涯忘れないでしょう」

彼は英会話講師を勤めながら、各地の講演会で体験談を語った。が、次第に話をするだけの自分に空しさを感じていく。故郷には教育も受けられない子が多数いるのに、何かしてあげられないものか。詩集『抑圧下の子よ話してごらん』を自費出版し、売り上げを祖国のNGO「ヒランガニ・ンゴタンド」（ズルー語で「愛と共に手を携えて」の意）に送った。と、それを知った人々から衣類や玩具が集まり、毎年物資を送るようになった。

ある日、大型ごみの中に捨てられた車椅子が目に入った。

「ごみの中の車椅子がキラキラ輝いて見えました。国の障害者にとっては宝物です。そうだ、これを修理して送ろうと皆に呼びかけたところ、二週間で二五台も集まったんです」

南アではアパルトヘイト時代の暴力や貧困、エイズのため、障害者は人口の一割強、五〇〇万人にのぼる。

車椅子は福祉団体などが譲ってくれ、修理して磨くのは小・中学生、コンテナへの積み込み作業は大学生や近所の人々が協力してくれる。発送先は南アからペルー、フィリピン、セネガルへと広がった。すでに送った車椅子は三七〇〇台。文房具、玩具、楽器なども一〇〇トンに達する。こうした献身的な活動により、「九九年度シチズン・オブ・ザ・イアー賞」を受賞した。

「ただ、物をあげる、もらうという上下関係ではなく、分かち合う社会は素晴らしい。この活動を通じていろんなことを感じて欲しい」と語る彼は、一方で日本社会に残る排他性を憂慮する。

「日本に来たとき、差別がないと思っていましたが、同和問題や外国人差別がありました。外国人を怖いと感じるのは、相手を理解していないからです。アフリカでは、他人とすぐに兄弟のように親しくなる。日本ももっと人と人が支え合う温かい社会を作らなければ」

極限の差別を体験した彼の言葉を心して受け止めたいものである。（二〇〇四年七月四日）

◎付記　詩集『マイ　ハンサム　アフリカ』（英和対訳）＝一〇〇〇円＋送料。

ババラム・イナンル

Peace & Nature代表／イラン

自ら悲惨な戦争を体験して戦争・大震災の被害者を救援

Profile●1964年イラン生まれ。80年イラン・イラク戦争勃発後、志願兵。89年来日。95年阪神大震災時にボランティア活動。03年NPO「ピース&ネイチャー」発足。イラク戦争やイラン大震災の被害者救援活動。兵庫県推進「ふるさと村」事業にも参加。

Data●Peace & Nature=神戸市中央区江戸町101 三共生興スカイビル509。Tel 078-391-4565。ホームページ=http://www.peace-and-nature.com/mp.htm

イラン・イラク戦争→阪神大震災→イラク戦争→イラン地震……人類が次々と経験した惨禍の渦中に自ら飛び込んでいったイラン人がいる。神戸で活動を行うNPO「ピース&ネイチャー」（P&N）代表のババラム・イナンルさん（三九）である。

一九六四年、イランの首都テヘランで生まれた。高校を卒業して間もない八〇年、突如イラク軍がイランに侵攻しイラン・イラク戦争が勃発した。祖国を守るため、志願兵として国境線に立ち、さらに二年間の徴兵にも応じた。八年間にわたった戦いで多くの友人の命が失われた。

停戦が成立した翌八九年、日本に渡る決心をする。「黒澤明監督の映画や武道を通じて〝平和の国〟日本を知り、世界に平和をアピールできる唯一の国と思ったからです」
横浜で外食産業の仕事をしていた彼に、重要な転機をもたらしたのは阪神大震災だった。

戦場のような惨状と多数の犠牲者。とりわけ親を亡くした孤児たちの映像に胸がうずいた。「子どもらのために何かの役に立ちたい」という一心で被災地に駆けつけ、ボランティア活動に加わった。原付バイクに乗り、救援物資の配布に駆けずり回った。その過程で「逞しく生きる神戸の人々が大好きになった」ため、移住を決意したのだった。

　通訳の仕事をしながら、アフガン難民支援活動などを行っていた彼は、昨年（二〇〇三年）八月、自然・環境・平和のためのボランティア活動を進めようとP&Nを発足した。その活動は必然的にイラクの子どもにも向けられた。

　イラク戦争により、フセイン政権は崩壊したが、戦闘終結宣言以後も血で血を洗う争いが続く。たとえか

イランの子どもたち

つての〝敵国〟であっても、惨状にあえぐ人々を黙視することはできないと、一一月に戦争被害者の子どものためのチャリティイベントを開いた。

その一カ月後の一二月、今度は祖国イランのバム市で大地震が発生し、四万人以上が死亡した。

直ちに街頭募金を開始した。と、神戸市立雲中小学校の山下准史《じゅんじ》教諭と三十数人の生徒も募金活動を行ってくれた。P&Nに寄せられた一一〇万円、および子どもたちが集めた募金三五万円と手紙は今春、P&Nスタッフの和田幹司氏と山下教諭によってバムの支援グループに手渡された。

「子どもたちは純粋です。彼らは、他の国ということに関係なく、『あなたが大切だから』という気持ちで支援をするんです」と語るイナンルさんは今夏、神戸の小さな親善大使たちをバムに送り、被災キャンプの子らと直接交流する企画を進めている。

かつて〝平和の国〟日本にあこがれてきた彼は、「最近の日本に疑問を感じる」という。「俺は俺、お前はお前という考え方が強く、他人の痛みを知らない。人を刺したり、子どもを殺すという事件が後を絶たないのは、社会に異変が起こっているからです」

彼は「情けは人のためならず」という言葉の本当の意味を知って欲しいと強調する。「情けをかけるのはその人のためにならない」という解釈は誤りであって、実は「人に尽くした情けは、いずれ巡り巡って自分に返ってくる」ということなのだ。「その精神で、日本人や他の外国人と一緒に真のピースを目指す白い波を起こしていきたい」と。

彼は先ごろ、長期的な活動を続ける基盤として、各種パーティーなどのイベントやウェディングを企画する「アート&カルチャー　プロダクションズ」を妻と共に設立した。また、兵庫県推進「ふるさと村」事業にも参加しており、毎月二回仲間と共に宍粟市波賀町や篠山に出かける。

「農民と一緒に畑仕事をして、バーベキューなどを食べながら人間と人間の触れ合いをするのは楽しいですよ」と、参加者を募っている。

戦争、震災、農業……一見異なる事象に次々と関わっていく彼の想いはただ一つ、人間世界を守ることなのである。

（二〇〇四年五月二三日）

◎付記　二〇〇四年夏に神戸の子どもたちをバムに送る企画は政情不安のために変更。一二月にバムの震災遺児らを神戸に招き、各地の表敬訪問やフォーラムを行った。

マウンマウン　ビルマ国民民主連盟解放地域日本支部／ビルマ

難民認定求めて訴訟 独裁政権援助やめて

Profile●1968年ビルマ生まれ。民主化運動に参加し、97年に韓国に渡航。98年国民民主連盟解放地域韓国支部メンバー。2001年来日したとき密入国容疑で身柄拘束。UNHCRで難民と認定されたが釈放されないため、難民不認定と退去強制令の取り消しを求めて訴訟。一審敗訴。
Data●日本ビルマ救援センター=brcj@syd.odn.ne.jp。ホームページ=http://www.burmainfo.org/brcj。

もしあなたが、異国で自由を奪われ、逮捕・拷問の恐れがある本国に強制送還されるかも知れない境遇に陥ったら……。

「ビルマでは苗字がなく、生まれた日の曜日によって名前の付け方が決まるんですよ」とマウンマウンさん（三六）は明るく笑うが、その胸中にはいつも先の見えない不安が渦巻いている。

一九六八年、ビルマの首都ヤンゴンで生まれた。高校時代はサッカーに夢中で、日本のドラマ「おしん」や千葉真一主演の時代劇などが大好きな普通の若者だった。が、全土に沸き上がった民主化運動に飛び込んだ日から、思いもよらぬ運命を辿ることになる。

四八年にイギリスから独立したビルマでは、六二年に発生したクーデター以後、軍事独裁政治が続いていた。八八年、大規模な民主化運動が起こり、アウンサンスーチー氏が国民民主連盟（ＮＬＤ）のリーダーとなった。政府は凄惨な弾圧を加え、数千人の死傷者が出た。

「ぼくも毎日デモに参加しましたが、軍人に棒で頭を殴られたり、銃剣で手を刺されたりして、いっぱい血が出ました」

民衆の声を武力で鎮圧した独裁政権は、英語の国名を「ミャンマー連邦」と変えたが、民主派の人々は今も「ビルマ」と呼ぶ。

マウンマウンさんは、同級生が逮捕され、懲役一〇年を宣告されたことを知り、近郊の村に隠れた後、九七年にタイを経由して韓国に渡航した。翌年設立された国民民主連盟解放地域韓国支部のメンバーとなり、運動を進めつつ、難民申請を提出した。

ビルマの平和を訴えるデモ（フォトジャーナリスト宇田有三氏撮影、2005年）

「韓国では難民申請すれば、逮捕されず、働くこともできました。でも当時は難民認定がなく、いつかオーバーステイで強制送還されるのが一番怖かったので、民主主義の国日本に行こうと決めたんです」

ところが「民主主義の国」の神戸港に着いた途端、密入国容疑で身柄を拘束され、西日本入国管理センターに収容されてしまった。皮肉なことに、韓国に残った仲間三人は、盧武鉉《ノムヒョン》大統領の就任後に難民認定を受け、何の支障もなく運動と生活を行っている。

また昨年（二〇〇三年）、国連高等弁務官事務所（UNHCR）によって難民と認められたのに、日本政府は認定しないというきわめて不可解な状態となった。難民不認定と退去強制令の取り消しを求める裁判を起こしたものの、一審で敗訴。現在、大阪高裁での二審が継続中である。

本国では、九〇年の総選挙でＮＬＤが圧勝したにもかかわらず、軍事政権がこれを無視し、翌年にノーベル平和賞を受賞したアウンサンスーチー氏は自宅軟禁状態が続いている。彼は「日本はＯＤＡ（政府開発援助）を通じて独裁政権を援助するのをやめてほしい」と訴える。ＯＤＡの資金は独裁政権を財政的に支えるだけではない。プロジェクトが実施されると、その地域の住民が立ち退きを強いられるなど、重大な影響を与えることもあるという。そのため欧米諸国は経済援助を中止したのに、日本は一〇年以上も継続している。

彼を支援する中尾恵子さん（日本ビルマ救援センター代表）も「軍事政権は最近、約九〇〇〇人の囚人を釈放すると発表しましたが、ほとんどが一般囚で、政治囚は四〇人だけでした。決して騙されてはならない」と強調する。

ビルマからタイなどに逃れた人々は数十万人にのぼる。日本では三四五人のビルマ人が難民申請したが、認定されたのは六一人にすぎない。

彼は「軍事政権がなくなったら、ビルマに帰りたい」とつぶやいた。帰国したら何をしたい？と尋ねると、しばらく沈黙し、「先のことは分かりません」と答えた。この国は、人生で最も貴重な青年期を歪められてしまった彼に、せめて夢を育む場を提供することができないものなのか。

（二〇〇四年一二月一二日）

◎付記　マウンマウンさんの裁判は二〇〇五年六月、大阪高裁で逆転勝訴の判決。法務省側が上告を断念したため勝訴が確定した。

松尾カニタ

FM　CO・CO・LOプログラムスタッフ／タイ

声が祖国で放送される誇り外国人にもホストの場を

Profile●1958年タイ生まれ。79年「東南アジア青年の船」で来日。80年慶応大留学。95年「FM　CO·CO·LO」タイ語番組担当。99年からNHK第1放送「関西ラジオワイド」アジアリポーター。国土審議会や地方自治体関連の諸委員会委員。

Data●FM　CO·CO·LO=大阪市住之江区南港北1-14-16 WTC 3 F。Tel 06-6615-7650。ホームページ=http://www.co-colo.co.jp。周波数76·5 MHz。

昨年（二〇〇四年）一二月二六日、インドネシア・スマトラ島沖で大地震が発生、大津波が周辺国に未曾有の惨事をもたらした。

翌朝、「FM　CO・CO・LO」（こころ）からタイの現地情報が放送された。プログラムスタッフ松尾カニタさんが番組でタイ・マスコミ公社に電話をかけ、被害状況を伝えてもらったのだ。

「ふだんのネットワークがあるからすぐ情報を放送できたのですが、一日も早い復興を願うばかりです」と祈るような気持ちを祖国に馳せる。

一九五八年、タイの首都バンコクで生まれた。幼いころ、海軍兵だった父が外国で買ってきたおもちゃで遊びながら、海外への憧れをふくらませたものだった。

七九年、国立タマサート大学政治学部を首席で卒業。東南アジア青年の船にタイ代表として乗船し、ASEAN（東南アジア諸国連合）諸国を巡る途上で初来日した。

「当時は日本といえばエコノミック・アニマルというイメージが強かったんですが、出会った人はみな誠実だし、戦争で負けたのに立派な国に成長していたので衝撃を受けました。なぜタイと大きな差があるのかと」

翌年、慶應義塾大学に留学。博士課程修了後、京都大学東南アジアセンターの故矢野暢教授の助手となり、政治学の研究を続けた。

九五年、小さな新聞記事が目に留まった。日本初の多言語放送FM局が一〇月に開局されるという。タイ語の番組も作ってほしいなと、履歴書を送ったところ、すぐに採用が決まった。

バンコクの夜景

FM　CO・CO・LOは関西の主要企業が出資して設立した関西インターメディア株式会社が運営。日本語を含む一四カ国語でニュース、生活・娯楽情報などを放送する。エリア内人口は二〇〇〇万人、うち外国人は一四五万人にのぼる。

毎週九〇分間、取材、編集からDJまでこなすのは想像以上にハードだった。インタビューした人は在日・滞日タイ人からタイに由縁を持つ日本人まで多岐にわたる。

「日本に来て苦労しているタイ人には祖国のニュースや生活情報を伝えたいし、日本人にはタイのことをもっと知って欲しい」と、全力を注いできた。タイ・マスコミ公社と毎回五分間の情報交換を行い、「祖国とつながりを持っていたいわたしにとって、自分の声がタイの全国ネットで放送されるのは大きな誇りです」とも語る。

こうした実績から次第に活動範囲が広がってきた。

六年前から、ＮＨＫ第一放送「関西ラジオワイド」でタイ情報を伝えるアジアリポーターを担当。昨年には、タイ国政府観光庁に企画を出し、「サワッディー、タイランド　一冊の本とボクの旅」というウェブサイト（http://sawaddee.jp）を製作した。

さらに国土審議会、大阪市総合計画審議会など、国や自治体の人権問題やまちづくり関連委員会の委員も勤め、専門分野を生かした提言を行う。

「でもほとんどの委員会は、いくら発言してもゲスト扱いされるだけ。今日本に必要なキーワードは〝多文化〟です。外国人にも、この社会の一員として、いわばホストとしてコンセプト作りから取り組める場が欲しいですね」

阪神大震災一〇周年を迎える今年は、FM CO・CO・LOの開局一〇周年でもある。外国人に貴重な情報を提供してきた同局は一月一四日、原点に戻る決意を込めて「阪神・淡路大震災一〇周年記念シンポジウム」を開催し、松尾さんなどのスタッフがパネラーとして出演する。

「一〇年間、たいしたことはできなくても、一つだけできたのは、日本にはたくさんの外国人が住んでいて、それが当たり前のことだとリスナーに認識してもらったことでしょう。今後は、外国人と日本人が共にこの社会を作っていくべきだと、もっと深い内容を伝えていきたいですね」という想いは、着実にリスナーの胸に染み入り、この社会の有り様を変えていく。

（二〇〇五年一月九日）
◎付記　「FM CO・CO・LO」の松尾さん担当番組は水曜午前六時三〇分〜。現在、大阪の観光案内ホームページ「OSAKA—INFO」リニューアル版製作担当。

ラジィ・サタル
通訳家／アフガニスタン

傷ついた祖国の実態を世界に平和な国へ進んでいきたい

Profile●1946年アフガニスタン生まれ。カブール大学卒業後、同図書館副館長。75年阪大留学後、JR関係の会社勤務。2001年米英軍がアフガニスタン空爆を開始した後、通訳として各地を取材。
Data●Tel･Fax 06-6374-3683。

「今二五歳以下のアフガン人は、生まれたときから戦争しか知らないんです。国民はもう疲れ切っています」

来日して二九年。ＪＲ関係の会社で勤務しつつ、通訳としてマスコミや支援団体に協力するラジィ・サタルさん（五八）の目に、深い憂慮とかすかな希望の色が宿る。

一九四六年、アフガニスタンのカンダハルで生まれたころは、貧しくとものどかな日々だった。会社社長の息子として比較的裕福な家庭で育った彼は、カブール大学文学部に進学。休暇ごとにヨーロッパから中東、アジアへの旅を楽しむ若者だった。

卒業後、同大学図書館副館長を勤めていたとき、学長から交換留学で日本へ行くよう勧められ、国の発展に役立つならと承諾した。七五年に来日し、大阪大学で東洋史を専攻した。ところが三年後、祖国で共産勢力によるクーデターが発生して以来、祖国は凄惨な内戦に突入した。

「金持ちや地主、エリートたちが裁判もなく逮捕され、五〇〇〇人以上の大量虐殺が行われました。わたしの学校時代の友達や先生もたくさん殺され、いとこは行方不明のままです」

翌七九年、民族主義者によるクーデターが起こると、ソ連軍が侵攻。ムジャヒディン（イスラム自由戦士）のジハード（聖戦）、および民族間の抗争が泥沼化し、五万人以上が犠牲となった。

イスラム原理主義を掲げて急成長したタリバンが首都カブールを制圧し、内乱が沈静化した九六年、彼は二一年ぶりに故国の土を

アフガニスタンの国内避難民キャンプ（2002年、毎日新聞社提供）

踏んだ。

「パキスタンに逃れていた家族に再会し、涙が止まりませんでした。でもアフガンに入ると、街は破壊され、すっかり緑が減っていました」

傷ついた山河に追い打ちをかけたのが、九四年から七年続いた大干魃だった。WHO（世界保健機構）によれば、被災者は一二〇〇万人、餓死者は一〇〇万人にのぼった。

さらに二〇〇一年、米国で同時多発テロが起こると、タリバンがビンラディン容疑者の身柄引き渡しを拒否したのを理由に、米英軍の空爆が強行された。

「空爆をニュースで見たとき、わたしはショックで倒れました。タリバンに対する国民のイメージはそれほど悪くなかったし、もし悪かったとしても一般市民まで犠牲にするのはやりすぎです」

タリバン政権は一カ月で崩壊したが、空爆が国土と人民の心にもたらした傷はあまりにも無惨だった。民族間の抗争が再燃する恐れも生じた。しかしそうした実態は世界に正しく伝えられなかった。

サタルさんは勤務していた会社を辞め、通訳の仕事に専念する。〇二、〇三年には毎日新聞記者と共に各地を訪れ、四五日間にわたって悲惨な難民キャンプなどの取材に協力した。

アフガンでは今年（二〇〇四年）一〇月に大統領選挙が行われ、カルザイ氏が選出された。同じカンダハル出身である大統領の家族とは昔から親しく、大統領の兄とは高校時代の同級生だったという。

サタルさんは今春、元の会社に復帰したが、祖国への想いが決して冷めることはない。現在アフガンでは、来春の議会選挙が順調に実施されるかどうかが焦点になっている。一連の政治的日程は米国主導で進められているようだが、彼の心境はどうなのか。

「米国に対する怒りは消えませんが、新政権の外交としては、米国とうまくやっていかなければなりません。大国と対立する、暗い日はもう来て欲しくない。平和な国、安定した国に向かって、世界の人々と共に進んでいきたい」

テロ対反テロ……その争いが新たなテロと反テロの殺戮を生み出す悪循環の連鎖。人類は冷戦の終結から教訓を学ぶことなく、またもや愚かな争いを繰り返す。アフガンの人々の、いや戦火にあえぐ各国の人々の、つつましく生きたいという素朴な願いが叶えられる日はいつ訪れるのか。

（二〇〇四年一一月二八日）

第5章 国境を超える懸け橋として

エリック・エレフセン／ノルウェー
王克良／中国
キラン・S・セティ／インド系アメリカ人
サフィア・ミニー／イギリス
パトリス・ボワトー／フランス
バレンタイン・モロゾフ／ロシア
ベルナルド・カトリッセ／ベルギー
マーク・シリング／アメリカ
マドレーヌ・ジャリル・梅若／レバノン
ラジャ・スタピット／ネパール

エリック・エレフセン

ピースボート専従スタッフ／ノルウェー

至福の世界旅行の案内役
八回乗船し三五カ国訪問

Profile●1978年香港生まれ。ノルウェー等で育ち、英国で大学卒業。2002年ピースボートにボランティアで参加した後、専従スタッフ。8回乗船し35カ国訪問。エリトリア国家建設支援チームの一員。
Data●ピースボート事務局=東京都新宿区高田馬場3-14-3 八達ビル2F。Tel 03-3363-7561。ホームページ=http://www.peaceboat.org。

大海原をゆったりと客船で行く至福の日々。人間、一生に一度はそんな世界旅行をしてみたいものだ。しかも格安料金で、訪問国の人々と交流もしてみたい、という欲張った夢をかなえてくれるNGO、それが民間国際交流団体「ピースボート」だ。

専従スタッフのエリック・エレフセンさん（二七）は「これまで八回船に乗って三五カ国に行きましたが、皆さん大変感動してくれますし、ぼく自身も毎回目からウロコが落ちるような思いをしています」とさもうれしげに語る。

彼は一九七八年、ノルウェー人の父と大阪出身の母との間に香港で生まれ、横浜、シンガポール、ノルウェーで育ち、イギリスで大学を卒業したという典型的な国際人だ。

二〇〇二年、ピースボートのボランティア通訳募集要項を新聞で見かけてすぐさま申し込み、三カ月間の旅行に参加。一時間の通訳のために八時間準備するほど苦労もしたが、「楽しくてしょうがない」経験を契機に専従となった。

ピースボートは元々、早稲田大学生だった辻元清美氏（現衆議院議員）によって八三年に設立された。当時、教科書問題が浮上しアジア各国で激しい批判が沸騰したとき、「それじゃ現地に行って自分の目で真実を確かめよう」という構想のもとにグァム、サイパンなどを訪問したのが出発点だった。私はピースボートから出た『船が出るぞッ！』（第三書館）を読んで、辻元氏の驚嘆すべき発想と行動力に舌を巻いたものだった。

以来、五一回のクルーズが企画され、訪問国は八十数カ国、乗船者は二万五〇〇〇人にのぼる。現在は年に三回出航。毎回約一〇〇〇人が乗り込み、三カ月間で一七

エリトニアにてスタッフ、現地人と共に（2005年）

～二〇カ国を巡る。また二週間のショートクルーズもあり、ボランティアスタッフとして協力すれば、実働時間に応じて割引される特典も好評だ。

地球市民のネットワーク作りという主旨に沿って多彩なプログラムが組まれている。船内では筑紫哲也氏をはじめ錚々たる面々が水先案内人としてレクチャーを行うほか、映画会、運動会、ダンスパーティなど楽しい催しも目白押しだ。訪問先に着けば、観光を満喫しながら、人々との懇親会やイベントも行う。

乗船者は若者からお年寄りまで幅広く、関心を寄せる対象も様々だが、誰もがかけがえのない感動を得るという。旅の過程で生涯の伴侶に出会ったカップルも少なくない。

短期間に先進国や発展途上国を回るため、強烈なカルチャー・ショックを受けることもある。エリックさんの脳裏にも南北問題を実感した数々の記憶が刻まれている。

例えば、タヒチには太平洋の楽園というイメージを抱いていた。しかしかつて太平洋で核実験を繰り返した宗主国、フランスから来た人々が贅沢な生活を送っている半面、現地人は高い発ガン率に苦しみ、町の光景はすさんでいた。ケニアのレストランでは、サービスを提供する側はみな黒人で、される側は欧米人だった。

「ぼくは自分が人種差別主義者でないという自信がありましたが、北朝鮮(朝鮮民主主義人民共和国)に行くとき、そこの人々をロボットのように思ってる自分に気づいてビックリしました。潜在的に日本での教育の影響を受けていたんですね。でも平壌に着いて感じたのは、みんな〝普通の人〟だということでした。やはり現地の人と直接触れ合う中で、自分の世界観が広がってきたと感じています」

このほかピースボートでは、地雷廃絶キャンペーン、災害被災地支援活動など数々の国際協力プロジェクトも推進している。エリックさんは、九三年に独立した〝アフリカで最も若い国〟エリトリアの国家建設支援チームの一員でもある。

旅は人に無限の何かを与えてくれる。何を得るかは、その人の問題意識次第だろう。心身を癒してくれる旅も魅力だが、世界をより深く体感する旅の醍醐味をいつか味わってみたいものだ。

(二〇〇六年三月一九日)

王《おう》克良《こくりょう》　京都華僑総会顧問／中国

中日間の橋渡し役 草の根の民間交流こそ大切

Profile●1920年中国生まれ。40年来日。大阪高等医学専門学校を経て京大医学部入学。医師として病院勤務。46年大阪中華学校教務主任。東華菜館に転職。京都華僑総会副会長を経て、89～93年会長。現在、京都華僑総会、京都華僑墓地委員会等顧問。

Data●京都華僑総会=京都市左京区聖護院川原町11-3。Tel 075-771-4233。ホームページ=http://aiek.kcif.or.jp/member/private/h19.html。

「わたしにとって第二の故郷である京都と祖国の懸け橋になりたい」という想いをひたすら抱き続けてきた京都華僑総会顧問の王克良《おうこくりょう》さん（八五）は、京都に住み着いて七〇年になる。

一九二〇年、中国山東省の青島で生まれ、祖父が清朝時代に旅順（現、大連）の師範学校教授だった関係で、幼いころに旅順に移住した。父は百貨店を経営。清朝最後の皇帝で、「満州国」皇帝となった愛新覚羅溥儀は遠縁にあたる。

王さんは旧制旅順高校卒業後、医師を志して四〇年に来日。大阪高等医学専門学校（現、

大阪医科大学）を経て京都大学医学部に入学した。が、四五年八月に人生を左右する出来事に遭遇する。

終戦間際に各地の中国人留学生が舞鶴に集められ、開拓団一行と一緒の船で中国に送り返されることになった。ところが出航して間もなく船上で玉音放送が流れてきたのだ。歓喜する留学生と泣き崩れる開拓団一行が話し合った結果、船は舞鶴に引き返したのである。

戦時中から二年間、医師として病院勤務していた王さんは、戦後、京大経済学部に編入したが、ある日、大阪中華学校（大阪市浪速区。四六年創立）の校長が訪ねてきた。

「帰国するまで手伝って欲しいと頼まれて、教務主任になったんですが、結局一五年以上勤めました。学校は小・中学部に一五〇人ほどの子どもがいて、祖国の言葉や文化や教えましたよ」

退職後、知人の経営する東華菜館（四条大橋横）で勤務したころから、京都華僑総会副会長として重責を担っていく。同総会は四五

日本各地華僑総会代表の中国旅行（ウルムチにて、1991年）

年に設立。現在会員は約一二三〇人で、華僑の団結、権益擁護、民族文化の普及、中日友好促進を目的として多彩な活動を繰り広げている。

特に七二年の中日国交正常化は大きな喜びだった。祖国から代表団が来れば歓迎会を催し、王さん自身、鄧小平氏と同席したこともある。ちなみに中国人画家たちと交流するうち、鄧小平氏の娘で東方美術交流学会会長の鄧林女史とも親交を深め、自宅には女史の描いた東洋画が掲げられている。

王さんは八九年から九三年まで会長の重職に就いた。九一年には国務院の招待で、各地の華僑総会代表たちと共にシルクロードを旅するなど数ある思い出の中で、特記される一つは旅順博物館を訪問したことだ。

同博物館には大谷コレクション――京都・西本願寺の住職だった大谷光瑞氏が二〇世紀初頭にシ

ルクロードを探検した際に収集した遺物が大量に所蔵されている。王さんは博物館側と交渉し、九二年に日本初公開となる「旅順博物館所蔵作品展——幻の西域コレクション」を京都で実現させたのである。

会長を辞した後には、京都華僑墓地委員会委員長となり、今も顧問を勤めている。宇治市にある萬福寺は、福県省から来た隠元禅師によって一六六一年に開創された禅宗伽藍の寺院であり、裏山には壮大な華僑墓地が存在する。創建当初の姿を残す「在日華僑の心の故郷」をずっと見守り続けているのである。

王さんの半生には、中日間、さらには中台間の複雑な葛藤が刻み込まれているに違いない。しかし王さんは、そうした苦労話をほとんど口にしない。あくまで中日友好促進の立場を貫くからだ。

ただ最近の中日関係については、「靖国参拝問題がらみで関係が悪化している。小泉さんは〝心の問題〟と言うが、一国の首相だからね。被害を受けた側の心もよく理解して、両国が隣国として共に栄えるようにしなければ」と押さえた口調で語っていた。

常に物事を大局的に見ながら、「草の根の民間交流こそが大切」という信念のもとに今なお中日間の橋渡し役として尽力する王さんは、ますます意気軒昂な様子である。

（二〇〇六年五月七日）

キラン・S・セティ

(株)ジュピターインターナショナルコーポレーション
専務取締役／インド系アメリカ人

国際派の立場生かして在日と共同作業する環境を

Profile●1965年神戸生まれ。ピッツバーグ大学で経済学修士取得。父が59年に神戸で設立した会社で専務取締役。03年神戸青年会議所理事長。神戸日米協会会長。インド商工会議所会員。

Data●(株)ジュピターインターナショナルコーポレーション=神戸市中央区生田町2-2-25 ガーデンハウス1F。Tel 078-222-3880。ホームページ=http://www.jupiter-int.co.jp。

両親はインド人、出生地は日本、国籍は米国。神戸市中央区にある株式会社ジュピター・インターナショナル・コーポレーションの専務取締役キラン・S・セティさん（三九）はまさに自他共に認める国際派である。では、あなたのアイデンティティーは？と尋ねると、「文化的にはインドだけど、国籍は米国だし、インド系アメリカ人でいいんじゃないですか」と屈託なく笑う。

インドで自動車部品の製造業を営んでいた父が来日して会社を設立したのは一九五九年のことだった。六年後に生まれたキランさんは神戸の国際学校を卒業した後、渡米し、ピッツバーグ大学経済学修士を取得した。

会社の転機となったのは七〇年の大阪万博。インド産特産物の輸入を始めたところ、ミス・インディアや蛇遣いを招いた販促戦術も成功して一挙に全国のデパートに営業ネットワークが拡大した。

が、九〇年に米国帰りのキランさんが会社に入ったころには、日本経済は内需拡大に方向転換し、輸出部門の状況が厳しくなっていた。

「当時は円高で、内外価格差が目立った時期でした。そこで社会に役立つ安くて良い商品群を輸入することにし、問屋を通さずに大手小売店に卸したんです」

ちょうどこのころ、「運良く吉本興業と知り合った」のがきっかけで、クイズ番組「四時ですよーだ」や「11ＰＭ《イレブン》」などへの出演が相次いだ。得意先に行くと「テレビを見たよ」とよく声をかけられ、随分仕事にもプラスになった

神戸みなとまつり

とか。現在は、ブランド物アパレル・雑貨などの輸入業、自動車・単車部品の輸出業、不動産管理業をメインに業績を伸ばしている。

彼は常々「日本で生まれ、インドのバックグラウンドを持ち、米国籍という立場を生かし、神戸の人々のクオリティ・オブ・ライフに役立つ橋渡しをしたい」という理念を抱いてきた。そうした人柄に人望が集まり、〇三年度の神戸青年会議所理事長に推戴された。外国人としては二人目のことだった。

活動は、国内だけでなく米国やアジア各国まで飛び回るほど多忙を極めたが、「自分の修練になったし、たくさんの友人や人脈ができたし、素晴らしい経験をさせていただきました」と語る。

中でも特筆ものはタウンミーティングだ。小泉純一郎首相が国民との対話促進を旗印にスタートさせたこの企画の一環として〇三年に神戸でシンポジウムが開催された。彼は、初代構造改革特区担当大臣、鴻池祥肇氏と共に出演したのが縁で、翌年には一〇〇回記念タウンミーティングのスピーカーの一人として小泉首相と直接面談するに至った。対話の内容は規制緩和、観光、経済全般など多岐にわたった。

「日本の国際競争力を高めるためには、英語はもちろん、他の外国語も学び、若い人たちがバイリンガルだけでなく、本当の意味でのバイカルチャル（双方向文化）を理解できるような教育システムを整えることを提案しました」

彼自身も子ども三人を国際学校に通わせているだけに、教育問題にはとりわけ関心を寄せる。外国人学校・国際学校はいまだに各種学校の資格しか認められず、文科省の教育助成金も受けられない。日本は外国からの投資や労働者を受け入れようとしているが、子どもの教育問題が改善されなければ誰も来ない、せめて私立学校レベルの援助をすべきだ、と指摘する。

「外国人として不利なことを感じたことがない」という彼は、神戸日米協会会長、インド商工会議所会員などの肩書きを持ちながら、「在日とか日本人とか言わず、お互いの良さと考え方の違いを把握しながら、一緒に仕事をしていく環境を作っていこう」と呼びかけている。

彼の言う通り、在日外国人と日本人が共に手を携えて共同作業をする環境が早く日本全国に広がることを望みたいものである。

（二〇〇五年三月二〇日）

サフィア・ミニー　フェアトレードカンパニー（株）代表取締役／イギリス

フェアトレードでお洒落を途上国の生活と環境守る

Profile●1964年イギリス生まれ。出版社勤務後、退社し、三カ月間アジア旅行。コンサルタント会社設立。90年来日。91年NGO「グローバル・ヴィレッジ」創立。95年フェアトレードカンパニー（株）設立。2004年「世界で最も傑出した社会起業家」の1人に選出。
Data●フェアトレードカンパニー(株)=東京都世田谷区奥沢5-1-16。Tel 03-5731-6671。ホームページ=http：//www.peopletree.co.jp。

商品は安いほどいい、という考えは間違い!?　消費者が廉価な商品を購入する背景には、バイヤーが時に発展途上国の労働力や資源を買い叩き、悲惨な貧困を押しつける現実がある。その矛盾に「ノー」を突きつけ、公正な賃金と適正な価格による商取引を進める「フェアトレード」（公正貿易）。

「わたしたちの買い物が途上国の人々の生活と環境を守るのです。一人一人の力は決して小さくありません」と、東京都世田谷区にあるフェアトレードカンパニー（株）の代表、サフィア・ミニーさんが静かに訴える。

一九六四年、インド人科学者の父とスイス人の母のもとにイギリスで生まれた。高校卒業後、出版社に就職したが、二二歳で退社し、三カ月間アジアを旅した。

「以前はたまに親戚に会っても、インド人に対してポジティブな印象を持ちませんでしたが、父の故郷のモーリシャスに行って自分のアイデンティティーを強く感じたし、貧しくとも生き生きした人たちの姿に感動しました」

帰国後、コンサルタント会社を起こし、人権・環境団体の情報誌に協力する中で、邦銀で働くイギリス人と結婚、九〇年に来日した。

翌年、南アフリカの支配から独立したナミビアを支援するナミビア展を夫と共に開催。同年、環境保護と国際協力のNGO「グローバル・ヴィレッジ」を創立した。リサイクル情報誌の発行からスタートし、やがて途上国の福祉・環境プロジェクトの支援活動を幅広く展開していく。その過程で重要な契機となったのが九三年のバングラデシュ訪問だった。

インドにて

「人々の暮らしは大変でしたが、フェアトレードの職場で働く人々の状態は良かったんです。若い母親たちから『仕事が欲しい』という声を聞いて、もっと多くの人が良い仕事をできればと思い、手すきの紙を共同開発しました」

九五年にはフェアトレードカンパニー株式会社を設立し、世界各国の生産者パートナーとの提携を拡大していく。

その一端がテレビ朝日「素敵な宇宙船地球号」（二〇〇三年）で放映された。インドでは綿花の大量生産のため機械と殺虫剤に多額の投資が行われた結果、環境が汚染され、借金を抱えた農民の自殺者が続出した。サフィアさんは自然農法を守る農民組合に安定した価格での継続取引を約束しオーガニック・コットンの商品化を実現させた。

〇四年にはテレビ東京系「ガイアの夜明け」で、手工芸職人を養成する職業学校（ネパール）、砒素が混じった井戸水の水質改善プロジェクト（バングラデシュ）などが同社の支援を受けて多大な成果を挙げた模様が映し出された。生まれて初めて「人間らしい生活」を得た人の喜びの涙に私は強く胸打たれた。

同社のポリシーは現地労働者による持続的な生産活動の支援にある。そのため品質管理やデザインに最善の努力が注がれ、カタログには「高級品」に優るとも劣らぬお洒落な商品群が満載されている。

現在（二〇〇六年）、生産者パートナーはアジア・アフリカ・南米二〇カ国七〇団体にのぼり、商品は衣服から生活用品、食品まで多岐にわたる。ブランド名は「ピープル・ツリー」。直営店を東京に二店舗有し、通信販売を行うほか、全国五〇〇の小売店に卸している。また〇一年にはロンドンに姉妹会社も設立した。

サフィアさんは〇四年、スイスの「社会起業家のためのシュワブ財団」から「世界で最も傑出した社会起業家」の一人に選出された。

「欧米では政府や自治体がこうした活動に援助を行っていますが、日本では何の協力もありません。市民の力で、もっと活動しやすい環境を作っていくことが大切です」

大げさなことは考えなくても、まず一着の服を買って着てみよう。きっと世界のどこかで作った人の手のぬくもりが感じられるはずだから。

（二〇〇六年三月五日）

◎付記　通販カタログ『ピープル・ツリー』三五〇円。

パトリス・ボワトー

大阪ヨーロッパ映画祭実行委員長／フランス

映画には人間を変える力 心の糧となる名作を上映

Profile●1960年フランス生まれ。大学卒業後、教員を勤めつつ短編映画等の監督。86年来日。88年仏大使館の依頼で再来日し各種イベント企画。仏外務省・文化庁主催の仏映画祭開催。94年以後、毎年大阪ヨーロッパ映画祭を主宰。甲南大等非常勤講師。

Data●大阪ヨーロッパ映画祭実行委員会事務局＝大阪市北区同心2-9-5-404。Tel 06-6882-6211。ホームページ＝http://www.oeff.jp。

「自転車泥棒」「道」「ニュー・シネマ・パラダイス」……タイトルを思い出すだけで、深い感動に浸ったシーンの数々が甦る。かつてヨーロッパ映画は多くの観客に生涯忘れ得ぬ追憶を刻み込んだものだが、近年は上映本数が減ったため、寂しい想いを抱くファンも多いことだろう。

そんな人々にとって垂涎ものの「大阪ヨーロッパ映画祭」が毎年秋に開催されてきた。その実行委員長を勤めるのがパトリス・ボワトーさん（四四）である。

一九六〇年、フランス生まれ。「七歳のころから映画に夢中になり、将来監督になろうと思った」という彼は、早くも一四歳から地元文化などを撮ったドキュメンタリーを制作。大学では仏文学と映画を学んだ。

卒業後、教員として映画文化を教える一方、多数の映画やテレビ番組に監督・脚本家・プロデューサーとして関わった。また自ら短編映画やドキュメンタリーを監督。特に短編映画「夏の前の風景」はカンヌ映画祭に出品された後、世界各地の映画祭で上映された。

八六年に演劇関係の仕事で来日した彼は、八八年に仏大使館の依頼で再来日した。各地でコンサート、美術展など二〇〇以上のイベントを企画して辣腕をふるった。仏外務省・文化庁主催で一週間にわたる仏映画祭も開催した。

こうした豊富なキャリアを土台に、九四年にスタートさせたのが大阪ヨーロッパ映画祭だった。

「わたし自身が強い影響を受けたように、観客の心の糧となる感動的な出会いの場を日本でも提供したかったんです。ヨーロッパの現在を伝え、映像技術面や内容の

大阪ヨーロッパ映画祭

充実した選りすぐりの作品を上映するスタイルを貫いています」

港区の海遊館ホールをメインとする映画祭には、二十数カ国の制作国をはじめ、各種公共機関や企業が協力する。毎回、ヴィム・ヴェンダース、ジャック・ペランといった綺羅星のような監督、俳優たちが駆けつけ、作品上映後に観客とディスカッションするのもファンにとってはたまらない魅力だ。

一〇周年を迎えた昨年（二〇〇三年）、ボワトーさんは、なぜ映画イベントを開催するのかという問いに対し、「映画市場といった商業目的を超える思想や表現形式が失われないようにしていく必要性、……多様な文化の独自性を保つ必要性、人々が生きる姿と社会の現実を映し出す必要性」があるからだとパンフレットに記した。

ではヨーロッパ映画の魅力は？と尋ねると、

「ハリウッド映画は大金をかけた作品を商品として売り出しますが、ヨーロッパ映画はまず監督が言いたいこと、人々に観せたいものを撮ってから商業ベースに入るという大きな考え方の違いがあります」と答えた。

映画祭のプログラムは年々多様化している。今年は、アカデミー賞外国語映画賞受賞作品「キャラクター／孤独な人の肖像」に主演したヤン・デクレール氏を名誉委員長に迎え、最新長編映画八本が上映されるほか、短編映画特集、子どものための映画特集、世界のＣＭフェスティバル、写真展、美術展なども計八会場で催される。来場者の総数は三万人を見込んでいる。

現在、大学で仏語と映画を教える非常勤講師のボワトーさんにとって残念なのは、何本かの自作の構想を温めているのに、時間も資金もないため実現できないことだ。

「ヨーロッパでは政府、地方、企業が芸術に援助する長い伝統があります。特にフランスでは、アートと産業としての映画に対し、制作された作品のほぼ半数に政府からの助成金が支給されており、多くの人々が映画館に行きます。日本では支援も観客も少なく、これでは産業と言えないのでは」と指摘する。

映画には人間を変える力があると信じる彼が希望するように、人生の糧となる名作に触れる機会がもっと増えることを望みたいものである。

（二〇〇四年一〇月三一日）

バレンタイン・モロゾフ　（有）コスモポリタン製菓代表取締役社長／ロシア

高級チョコ専門店の三代目
八〇年の伝統と独創的な味

Profile●1946年兵庫県生まれ。カリフォルニア大学卒。MBA(経営管理修士)取得。71年神戸に戻り、祖父が26年に創業したチョコレート専門の会社経営に専念。2000年社長に就任。神戸に本社工場、三宮に本店、東京に銀座店。
Data●有限会社コスモポリタン製菓=兵庫県神戸市中央区港島中町7-7-3。Tel 078-302-8000。ホームページ=http://www.cosmokobe.com。

「とろけるような味」とはまさにこのことか。口に入れた途端、舌がチョコレートを舐めまわし、まろやかな甘味を吸い尽くす。

阪急三宮駅にほど近いコスモポリタン製菓本店。入口には様々な板チョコやオーキーズなどの商品が並び、奥では喫茶を楽しむことができる。

社長のバレンタイン・モロゾフさん（五九）は「創業以来八〇年、生地そのものから本場の味を作る昔ながらの製法にこだわってきました」と語る。

今や高級チョコレート専門店として揺るぎない地位を誇る同社には、実は三代にわたる波乱の歴史が秘められている。

祖父はロシアで手広く雑貨商を営む商人だったが、一九一七年のロシア革命が一家の運命を変えた。家族の生活を守るため、中国・ハルビンに移住。さらにアメリカ・シアトルに移り、最後に辿り着いたのが神戸だった。

再起を期した祖父が着目したのはチョコレートだった。二六年にトアロードで日本初のチョコレート専門店を創業。まだ珍しいころだったので、神戸港にやって来る外国人が主な客だった。

チョコレートはカカオマス（カカオ豆を煎ってすりつぶした物）と砂糖をベースに、多様な材料を加えていく。素材の確保をはじめ、山積する難題を克服し、徐々に軌道に乗せていったのだが、太平洋戦争が勃発したため、店舗は灰燼と化してしまった。しかし祖父と父は家族を守る一念で終戦直後に再建をはかり、社名を「コスモポ

リタン製菓」と改めた。

バレンタインさんが生まれたのは、どん底から這い上がろうとしていた四六年のことだった。両親は「無国籍」だったが、彼は自動的に「日本国籍」となった。幼いころからロシア語と英語を学び、親とは英語で会話した。

彼はマリスト国際学校卒業後、カリフォルニア大学に留学した後、ビジネススクールに進学してMBA（経営管理修士）を取得。七一年、祖父が他界した年に日本に戻り、父と二人で会社経営に専念することになったのである。

「そのころ当社の売上げはキャンディが半分を占めていて、総合洋菓子の方に進むべきか議論になりました。わたしは、それでは大手に負けてしまう、チョコレートに絞り込むべきだと主張しました」

営業活動といえば、相手に「一度試食してください」と言うだけ。絶対的な自信を持つ商品に、各地の百貨店、高級スーパーマーケット、有名ホテルなどから注文が舞い込んできた。そして今では神戸ポートピアランドに本社工場、銀座に支店を擁する中堅企業に発展したのである。

「以前、洋菓子協会が〝最も好きな味は何か〟という調査をした結果、子どもからお年寄りまで圧倒的な人気だったのがチョコレートでした。これからもっと伸びますよ」

ところでバレンタインデーにチョコレートを贈る習慣を最初に提案したのは父だった。創業当初から、その日になるとハート型の箱で飾ったチョコレートを店に出し、三六年には英字雑誌に広告も出したのだが、さほど効果はなかったという。それが七〇年代になり、大量生産時代に入ったこと、また積極的な女性が増えたことなどの条件がそろって、一挙に全国に定着していった。同社も二月の売上げは年間総額の二五パーセントにのぼる。

コスモポリタン製菓本店

五年前に父が他界した後、彼は職人としての技と社長としての手腕を発揮しながら陣頭指揮をとっている。

「祖父はディベロッパー（開発者）、父は生粋の職人として日本でチョコレートを紹介してきました。現在は世界中から商品が輸入される時代なので、アレンジだけではすみません。ベーシックな味を守りながらも、独創的な味を創り出すのがわたしの仕事だと思っています」

今後、チョコレートを口にするとき、同社の歴史に想いを馳せながら、甘味の陰にひそむ苦味まで感じとれば、また格別な美味を味わうことができるのでは。

（二〇〇五年九月一一日）

るつぼの役割担うベルギー

異なる意見の尊重が大切

ベルナルド・カトリッツセ　ベルギーフランドル交流センター館長／ベルギー

Profile●1963年ベルギー生まれ。学生時代、「ジャパン週間フェスティバル」を催し、84年来日。京大留学。フランドル政府代表としてベルギーフランドル交流センターに着任し、93年館長に就任。「大阪ヨーロッパ映画祭」理事。

Data●ベルギーフランドル交流センター=大阪市天王寺区上本町8-2-6　大阪国際交流センター3Ｆ。Tel 06-6773-8850。ホームページ=http：//www.flanders.jp。

ベルギーという国名を知らない人はいないが、お国柄を知る人は多くあるまい。かくいう私も知らなかった。ベルギーが立憲君主制の王国で、首都ブリュッセル、北部フランドル地方、南部ワロン地方の三つの行政府から成る連邦制国家で、オランダ語、フランス語、ドイツ語の三つの言語圏に分かれているとは。

そのフランドル政府の国際交流公的機関として一九七五年に設立された（財）ベルギーフランドル交流センターが大阪市天王寺区にある。

「ベルギーは人口一〇三〇万人の小国ですが、歴史的にゲルマン系やラテン系が出会うメルティング・ポット(るつぼ)の役割を担ってきたので、文化芸術的にすごく魅力的な所ですよ」と、ベルナルド・カトリッセ館長(四二)は語る。

六三年、ブリュッセルで生まれ、学生時代から各種イベントの企画に携わってきた彼は、「ジャパン週間フェスティバル」を催したのがきっかけで八四年に来日。その後、京都大学に留学した後、フランドル政府代表として同センターに着任し、九三年に館長に就任した。

ホールや図書館を備えたセンターでは、演奏会、セミナー、展覧会、女声合唱団、パイプオルガン教室、オランダ語教室など、実に多彩な活動が行われている。中でも活発なのは、全国各地で催されるコンサートの企画・推進だ。
「最も大切にしているのはコラボレーション。ベルギーからアーティストを招いて演奏をしてもらうだけでなく、日本のミュージシャンなどとタイアップして新しいものを創造することです」
その一例が、七月に鹿児島で催される

国際青少年音楽祭 in 鹿児島（2005年）

「国際青少年音楽祭.in鹿児島」だ。少年合唱団員六〇人がやって来て、数日間ホームスティしながら、地元の小学校合唱部と合同リハーサルを行い、一緒に舞台に立つ。以前大阪で催されたときには、子どもたちは生涯忘れ得ぬ人間的な触れ合いを体験したという。

また毎年恒例の「大阪ヨーロッパ映画祭」（一九六頁参照）の理事を勤め、「バラエティに富んだ映画の窓からヨーロッパに入っていけるようにしたい」と語る彼は、しばしば「バリエーションの重要性」を強調する。「物事を異なる目で見、お互いの異なる意見を尊重することが大切だ」と。そうした発想の根底には、祖国が辿ってきた数奇な運命が横たわっているのだろう。

ベルギーは、紀元前にカエサルに征服されて以来、常に周辺国の脅威にさらされてきた。一八三一年にようやく独立国家として認められたが、二度の世界大戦時にはドイツに占領された。しかし戦後、ブリュッセルには北大西洋条約機構とEUの本部が設置され、「ヨーロッパの首都」として機能するようになった。

「ベルギーをはじめヨーロッパの人々は、再び戦争が起こらないよう、一つのヨーロッパになりたいという願いが強い」と彼は熱く語る。先ごろ、EU憲法に対する国民投票で、フランスとオランダ国民が「ノー」を突きつけたが、それは各国の複雑な事情が反映された結果であって、決してEU自体を否定するものではないと。

「加盟国が二五カ国に拡大したので、いろんな問題が生じてきました。例えば言語だけでも一〇以上あります。もちろん合理性を考えれば、英語を共通語にするのが最も簡単ですが、ヨーロッパのポリシーは、全ての言語を大事にしようということなんです」

ベルギーは大国に囲まれた地政学的条件のために苦難を強いられてきたが、今では逆に周辺国の葛藤を宥和させる国として、宝石のような輝きを増している。

翻って、我がコリアも周辺国による受難の歴史があり、いずれは連邦国家として統一される途上にある。ベルギーの歴史と現在が、コリアの歴史と未来に重なり合うと思うと、私は一層親近感をおぼえた。

（二〇〇五年七月三日）

マーク・シリング　映画評論家／アメリカ

日本映画を専門に評論「七人の侍」はサイコー！

Profile●1949年米国生まれ。75年来日し英会話教室講師、大学講師。86年から「ジャパンタイムズ・ウィークリー」に原稿執筆。以後、「スクリーンインターナショナル」などに映画評を寄稿。各国の映画祭審査委員を勤める。
Data●「ジャパンタイムズ」ホームページ=http：//www.japantimes.co.jp。

これが昨年（二〇〇三年）出した本です、と差し出されたのは、英語版三三六ページの大著だった。タイトルはなんと『YAKUZA　MOVIE　BOOK』。「日本では六〇～七〇年代に作家性のあるいいやくざ映画が創られました。特に『仁義なき戦い』の深作欣二がいい」と語るのは、「世界を股にかける映画評論家」と称され、とりわけ日本映画に造詣の深い米国人マーク・シリングさん（五五）である。

一九四九年、オハイオ州の片田舎に生まれ、映画が最高の娯楽だった。大学時代には映画同好会の上映会に行き、黒澤明や小津安二郎などに魅了された。映画評を書く先輩がうらや

ましくてならなかった。

卒業したのはヒッピー族の全盛期。彼も同様に米国中をヒッチハイクしたり、いろんな雑役を経験したが、日本の英会話教室の講師に採用されたのを機に七五年に来日した。

その後、日本人女性と結婚し、大学講師になりと、ようやく安定した生活を手に入れたのだが、八六年に全ての仕事を捨て去った。ライターとして生きるために。

幸い国際的な情報誌『ジャパンタイムズ・ウィークリー』の仕事を得て、社会問題やヨーロッパ映画評など様々な原稿を書くことになった。そして三年後のある日、専属の映画批評家が突然寄稿をやめると宣告した。会社側はマークさんに毎週映画評を書くように命じた。

「わたしは本当に運が良かった。前の人がやめると言ったおかげで、昔からの願いがかなったのだから」

以後、同誌だけでなく、世界四大映画専門月刊誌の一つである『スクリーンインターナショナ

故石井輝男監督と共に（2003年）

ル』誌などに寄稿し始め、やがて日本映画に集中していく。

「ハリウッド映画はたくさんの人が書いていますが、日本映画を専門とする人は少ない」と語る彼は、「評論家が作品をけなすと、仕返しをくらうことがありますが、わたしは英語で書くので、日本の映画関係者が読まないから安心」と茶目っ気たっぷりに笑った。

では、ホンネのところ、斜陽産業と言われて久しい日本映画の現状は？

「実は九〇年から二〇〇〇年まで制作本数が増えているんですよ。昨年（二〇〇三年）は二七〇本ほど。ピンク映画も含めてですがね。以前はマーケットが国内だけでしたが、今は海外を狙った作品が増加している。『リング』（中田秀夫監督）は米国で一億ドル稼いだし、宮崎駿などのアニメは各国に輸出されています」

特に評価する監督はと聞くと、即座に「『七人の侍』はサイコー！」。黒澤監督を取材して感激したという彼は、次のような話をしてくれた。

英国の『サイト・アンド・サウンド』誌は、一〇年おきに世界の監督・批評家一〇〇人による名画のランキングを発表しており、〇二年度、マークさんは「七人の侍」を三位に挙げた。投票の結果、監督選出部門で黒澤監督の「七人の侍」と「羅生門」の二作が九位を分かち合った。

では、最近とみに注目されてきた韓国映画はいかがと聞くと、「ブラザーフッド」（カン・ジェギュ監督）の名が挙がった。

「スピルバーグ監督の『プライベート・ライアン』よりもっと生々しい作品でした。それは朝鮮戦争というテーマが監督にとって昔の話ではないからで、日本の戦争映画に感じられないものでしょう。韓国映画の良いところは、コンセプトがはっきりしており、映像のインパクトが強いことですね」

彼は現在、アメリカ映画産業誌『VARIETY』の日本特派員、各国の映画祭審査員など多彩な活動を続けながら、「特に新しい作品や新人を発掘するのがやりがいだ」と語る。

韓国では近年、映画産業に対する国家的支援が強化される中で、名作が輩出されてきた。日本映画界もぜひかつてのような魂を揺さぶる名作を次々と生み出して欲しいものである。

（二〇〇四年九月一九日）

マドレーヌ・ジャリル・梅若

「MJU-PR」社長／レバノン

アラブと日本の懸け橋に能を世界に広げたい

Profile●レバノン生まれ。76年来日。英国、米国留学。帰国後、再来日し、阪大大学院入学。82年能楽師の梅若猶彦氏と結婚後、東大大学院研究生。「MJU-PR」社長として、夫の国際的活動を支援しつつ、各種イベントをコーディネート。難民問題等の社会活動に貢献。

Data●連絡先=madeleine@mju-pr.com。

能とレバノン。何の関連もない二つの事柄が結びついたとき、かくも劇的な人生を織りなすとは。

「能のことは何も知りませんでしたが、今では言葉でなく、感じることができます。夫にオピニオン（意見）を言うと、よく聞いてくれますよ」とマドレーヌ・ジャリル・梅若さんがほほえんだ。

彼女は各種イベントをコーディネートする「MJU-PR」社長であり、夫は五〇〇年の由緒ある能楽梅若家の能楽師、梅若猶彦《なおひこ》氏である。

マドレーヌさんはレバノンのベイルートで生まれた。古代から東西の文化が交錯したこの国では、七五年に国内外の勢力が複雑に絡む内戦が起こった。家族は翌年、危険を避けるため来日し、長女の石黒マリーローズさん（五八頁参照）が住む芦屋市で滞在した。

神戸のカナディアン・アカデミーに入学したマドレーヌさんと同じクラスにいたのが猶彦さんだった。デートする仲になったが、彼女はコンピューター・サイエンスを勉強するためイギリス、アメリカの大学に留学した後、父の訃報を受けてレバノンに帰った。が、まだ危険な状態が続いていたため、再来日し、大阪大学大学院に入学。再会した猶彦氏との愛が実を結び、八二年に結婚したのだった。

「夫はわたしを変えようとせず、いつも自分らしくいるようにしてくれました。そしてわたしは夫のために、能を日本や外国に紹介するのを手伝いたいと思ったんです」

東京に移った後、東京大学大学院に研究生として通いつつ、各界

レバノン選手とホストタウンの人々（2005年）

の日本人や各国の外交官などを能に誘った。幽玄な能の世界に魅了された人々を通じて、アジア、ヨーロッパ、南米などに公演の場が広がっていく。クリスチャンの夫妻にとってとりわけ思い出深いのはバチカンで故パウロ二世のために行った舞台だった。

「公演のあとで、法王は夫に日本語でお礼をし、またレバノン国の平和をお祈りして下さったんです」

猶彦さんは伝統的な作品だけでなく、次々と新作を発表し、他の分野とのコラボレーションにも意欲的にチャレンジする。またロンドン大学大学院で博士号を取得した彼は、静岡芸術文化大学助教授、ロンドン大学客員教授として舞台芸術論等の講義も行う。

ちなみに二人の子どもは三歳のころから能の稽古を始めた。現在、米国プリンストン大学生の娘ソラヤさんはアフガニスタン、エクアドルなどに行ってストリート・チルドレン問題に取り組んでおり、テンプル大学生の息子猶巳《なおとも》さんは映画・芸術の学習に余念がない。

マドレーヌさんは夫の活動を支援しつつ、難民問題などの社会活動にも貢献している。昨年（二〇〇五年）二月、知的障害者の祭典、スペシャルオリンピックス冬季世界大会が長野県で開催され、八四カ国・地域の二六〇〇人が競技を行った。

レバノンをはじめアラブ諸国からも選手が来た。彼女は率先して中近東各国大使に連絡をとり、積極的な協力を促す一方、選手たちがホームスティする地域に赴き、アラブの文化や言語に関するレクチャーを行った。

「ホストタウンになった飯田市の人たちはアラブの習慣が分からなくてとまどっていましたが、わたしの話を聞いて安心され、アスリートたちも素晴らしいホスピタリティ（歓待）に大変楽しい体験をすることができました」

近年、アラブに対する偏見や無理解がつのっている中、彼女は「アラブの文化にも日本との共通点がいろいろあります。お客さんを大切にもてなすのもその一つです。わたしはアラブと日本をつなぐ懸け橋として、友好のためにお手伝いしていきたい」と熱く語る。

彼女の類い希な半生を聞きながら、たとえ文化が異なろうとも、心と心が通い合えば、和を結ぶことができるのだという思いを改めて強くしたことだった。

（二〇〇六年四月九日）

ラジャ・スタピット

「カトマンドゥ通信」編集長／ネパール

ネパール文化を世界に発信 生活習慣の違いを受け入れて

Profile●ネパール生まれ。1990年来日。東京農業大学研究生。「カトマンドゥ通信」創刊。98年再来日。成安造形大学研究生となりアート志向の学習。卒業制作展で映像クラスCG科優秀賞。コンピューター関連企業就職。歌手としてもアルバム7枚発表。
Data●カトマンドゥ通信=raja@info-nepal.jp。ホームページ=http://www.info-nepal.jp。会費=年間3000円(6回分)。

家に二つ折りの冊子が届く。見たこともないネパールの切手。表紙を開くと、ネパールの名所や昔話、料理などの情報が詰まっている。

昨年（二〇〇四年）、創刊一〇周年を迎えた『カトマンドゥ通信』の編集長を勤めるのはラジャ・スタピットさん（X歳）。人口二五〇〇万人、四〇以上の民族が住むネパール王国の首都カトマンドゥ生まれ。学生時代、日本人と共に村でボランティア活動をして以来、日本に興味を持ち、九〇年に来日後、東京農業大学研究生となった。

山好きな私などは、ネパールといえばすぐチョモランマを思い浮かべるのだが……。

「初めのころ、日本ではネパールといえばヒマラヤとか貧困といったステレオタイプ化されたイメージしかなく、お釈迦様の生誕地ということさえ知らないのにすごいショックを受けました。次々と遭遇する〝文化の違い〟のためつらい思いをしたものですよ」

例えば、人に物を借りても「ありがとう」と言わなかったため注意された。故郷では「ダンニャバード（ありがとう）」と言うと、かえって他人行儀と嫌がられるのに。

九四年、帰国する飛行機の中で思い立ったのが情報誌だった。自分が授かった文化を当たり前と思い込むから、他の文化に出会うとショックを受ける。生活習慣の違いをありのまま知ってもらうことが大切なのではないかと。

　コンピューターデザイン会社を経営しながら、知人や学校などに隔月で通信を送り始めた。文章から写真まで全て一人でこなす。四ページでスタートした紙面はやがて一二ページとなり、部数は五〇〇部を超えた。

　だが「自分はやるべきことを

コンサート（2005年）

やっているのか」と自問し、「ネパール文化を世界に発信しよう」という決意のもとに、九八年に再来日した。

成安造形大学研究生となり、本格的にアート志向の学習を深めた。研究テーマは「マルチメディアによるネパール文化の世界」。卒業制作展では、「曼荼羅」の世界をヴァーチャル体験するCD－ROM作品を作り、映像クラスCG科優秀賞を受賞した。

その後、コンピューター関連会社に就職し、メディア・デザイナーとして勤務。仕事の一つ、「桃太郎」などの昔話を紙芝居的な手法のアニメにしたDVD作品は近日中に発売される。作品の一部を見せていただいたが、さすがはプロと感嘆する出来映えだ。

通信は、日本からデータをカトマンドゥに送り、そこから印刷物を読者に発送してもらっている。わざわざ遠回りの方法をとるのは、少しでも現地の臭いを感じ取ってもらいたいからだ。

多彩な内容の中でも好評なのが「ここが違う」欄。例えば、「シッダールタ」など神様の名前を持つ人が多く、「スルヤ（太陽）」、「サガール（海）」といった自然の名前も珍しくないという。

また、年齢に関心がないというのにも驚かされる。特有の暦を利用するので、誕生日が毎年変わるし、書類に生年月日を書くという習慣もあまりない。したがって彼の年齢もX歳というわけだ。

一方、多才な彼は、プロ歌手の兄と共に、九一年にオリジナル・アルバムを発表。その中の代表曲は今でもテレビやラジオで流れるほど大ヒットとなった。来日後もコンサートを開いたり、講演と歌でゲスト出演するなどの活動を行い、アルバムは七枚を数える。歌を続けるのはやはり「歌を通じてネパール文化を伝えることができるから」である。

「でもわたしは、ネパールばかり良いとはあまり言いません。違いを示すことで、何かを感じて欲しい。違いをそのまま受け入れることによって、自分自身の世界がもっと広がると思うからです」

日本とネパールは来年国交樹立五〇周年を迎える。この機会に、名前や年齢も含め、習慣を全てネパール式に変えてみたら、と想像するだけでも刺激的な発見があるのではと思うのだが、いかが。

（二〇〇五年一月二三日）

あとがき

グローバリーゼーションが急速に進行する今日、地球的規模で人口の移動が加速化している。二〇〇六年六月の国連の報告書によると、移民や出稼ぎ者、留学生、難民など本国を離れて外国に居住する人は、〇五年に全世界で一億九一〇〇万人にのぼった。もはや外国人は特殊な存在ではなく、社会の構成員として定着しており、日本も例外ではあり得ない。

法務省入国管理局の統計によれば、二〇〇四年末現在の外国人登録者数は一九七万人だった。一〇年前と比較すれば、六二万人増加し、日本人総人口一億二七六九万人に占める割合は一・五五パーセントになる。この他に「不法残留者」とされる人々が二〇万人いると言われており、総数は二百数十万人にのぼる。

国籍（出身地）別に見れば、一八八カ国。戦後、在日外国人の九割以上を占めていた韓国・朝鮮人の構成比は三〇・八パーセントに低下し、逆に中国四九万人（構成比二四・七パーセント）、ブラジル二九万人（同一四・五パーセント）、フィリピン二〇万人（同一〇・一パ

国籍	人数	構成比
韓国・朝鮮	607,419	30.8%
中国	487,570	24.7%
ブラジル	286,557	14.5%
フィリピン	199,394	10.1%
ペルー	55,750	2.8%
米国	48,844	2.5%
その他	288,213	14.6%
合計	1,973,747	100%

在日外国人登録者数
（2004年法務省入国管理局統計）

ーセント）、ペルー六万人（同二・八パーセント）と、アジアや中南米からの移住者が激増しており、この傾向は今後も続くと思われる（表参照）。

　私はこの二年間、毎日新聞紙上で各国から来た定住外国人の肖像を紹介してきた。外国人は言語も文化も異なる異国で、余人の想像のおよばない苦労を経験するものだが、地域社会にしっかり根を張り、様々な分野で活躍する人々には心から敬意を表する。

　彼らの取材過程で印象深く感じたのは、欧米を中心とする「先進国」から来た人々と、アジア、アフリカ、中南米などのいわゆる「発展途上国」から来た人々の意識の差である。先進国出身者たちは、国家や民族という概念への帰属意識を超越し、一個の人間としての才能を開化させたり、あるいは全人類的な見地に立って他国・他民族の発展や国際交流のために尽力するケースが多い。

　他方、発展途上国出身者たちは、強い民族的アイデンティティーを持ち、祖国のため、あるいは来日した同胞のために献身的な活動を行うケースが多い。

これらの相違点はどちらが正しいという問題ではなく、国家や民族の現状が人々の意識にどのように影響をおよぼすかを考えるうえで重要だと思われる。いずれの場合にせよ、それぞれの立場から他者のために尽力している人々の姿には胸打たれるものがある。

しかし現在、外国人は日本で国際化時代に相応した生活を享受していると言えるのだろうか。

出身国や民族にかかわらず、大半の人々が異口同音に語っていたのは、「個人としての日本人には良い人がたくさんいるが、国家や社会としての日本には問題が多い」ということだった。

個人的には外国人にも親切に接してくれる日本人が多数いるにもかかわらず、社会的にはいまだに単一民族神話から脱しきれず、外国人をうとましく思う風潮が残っている。欧米人には必要以上に好意を示すのに、アジア、アフリカ、中南米の人々に対しては軽視する。近年、日本社会の右傾化が進む中で、排外的なナショナリズムが助長される傾向さえ感じられる。

私はこれまで在外コリアンの状況に関心を抱き、中国、米国、旧ソ連在住コリアンの取材を行ってきた。その過程で実感したのは、他国においてはたとえマイノリティー差別が残っていても、それは主にマジョリティー側の意識の次元の問題であって、法・制度的な差別構造が温存されているのは日本だけだということだった。

在日韓国・朝鮮人は長年、日本国籍ではないという理由のために極度の法・制度的差別を受けてきた。徐々に改善されてきたとはいえ、いまだに参政権問題、公務員就職問題、朝鮮人学校処遇問題など数々の差別制度が立ちはだかっている。就職、住居差別などについても積極的な改善策がとられていない。そしてこれらの問題は全て他の外国人にもあてはまる。

外国人にとって最も深刻な悩みの一つが子どもの教育問題である。私が取材した人々の中でも、子どもがいる人はみな子育ての苦労を嘆いていた。

日本の学校に入学させれば、言葉や文化の違いのために勉強についていけない、いじめを受け、不登校になるといった悩みが尽きない。また民族教育を受ける機会がほとんどないため、民族的アイデンティティーが失われ、はなはだしくは母国語を知らない子どもと、日本語の不自由な親との間で会話が成立しないという現象まで起きている。

中には民族学校や国際学校に入学させる親もいるが、これらの学校は各種学校の資格しか認められていないため、進路の選択に不利だとか、経済的負担が大きすぎるといった問題がある。

子どもだけではない。「新渡日」と呼ばれる人々は日本語が不自由なために生活や仕事のうえで多大な労苦を強いられている。日本語を容易に学ぶシステムがないため、独学で学んだり、夜間中学に通ったりして、どうにか日常会話をこなせるようになっても、読み書きまではとてもマスターできない人が圧倒的多数である。

日本語や日本的生活習慣に不慣れな外国人は社会から排除され、排除されるからますます孤立化するという悪循環が繰り返される。

しかし本来、外国人は誰よりも地域との関係を大切にする人々であり、職場や生活の場で貴重な役割を果たしている。彼らと交流する過程で、かけがえのない影響を受けた日本人は数知れないし、そうした日本人の支援が彼らの存在価値を一層高めるという相互関係が社会発展の牽引力にもなっている。日本全体が外国人にとってより開かれた社会となることを切望せずにはいられない。

私は日本人に対するこのアピールを、私の同胞である在日韓国・朝鮮人にも向けたいと思う。

ベトナム難民として来日したグエン・テ・フィさんの言葉が深く脳裏に刻まれている。彼は「日本に来たベトナム人はいろんな悩みを抱えていますが、在日コリアンが自分たちのコミュニティや学校を作っていることを知って、わたしたちも助け合いの組織を作ろうと思ったんです」と語っていた。在日韓国・朝鮮人の存在が、他の外国人にとっても励みになっていたというのは私にとって新鮮な驚きだった。

思えば一九八〇年代初頭に多数のインドシナ難民が日本に渡ってきたとき、日本政府は国際的な圧力に押される形で難民条約に加盟した（一九八二年発効）。その際に「出入国管理および難民認定法」が制定された結果、難民だけでなく、全ての在日外国人に対する法的差別が大幅に改善された経緯がある。

戦後長く被差別状態に苦しんできた韓国・朝鮮人は、いわばインドシナ難民のおかげで救われた。すなわち在日外国人全体の権利が向上してこそ、韓国・朝鮮人の権利も守られるのである。とすれば、在日外国人の先輩格に当たる在日韓国・朝鮮人はもっと他の外国人のために協力すべきではないか。在日韓国・朝鮮人には長年権利擁護運動を展開してきた経験がある。それらを生かして他の外国人と連帯すれば、在日外国人全体の権利の向上に大きく寄与することができると信じる。

今後、世界は好もうと好まざるとにかかわらずグローバリゼーションが一層急速に進展していく。二一世紀のビジョンを考えるうえで、キーワードは「多文化共生」である。異なる文化を持つ人々が、お互いのアイデンティティーを尊重しつつ、国境を超えて交流を深める多文化共生社会を創造するために、日本人と外国人が共に協力していくことを望みたいものである。

高賛侑（コウ・チャニュウ）
1947年生まれ。朝鮮大学校卒。文芸活動に従事しつつ、詩・小説の創作、演劇の脚本・演出多数。朝鮮関係月刊誌『ミレ（未来）』編集長を経て、現在、ノンフィクション作家。近畿大学・京都ノートルダム女子大学・甲南大学等非常勤講師。「自由ジャーナリストクラブ」世話人。国際高麗学会会員。部落解放文学賞（記録文学部門）等受賞。著書に『アメリカ・コリアタウン』（社会評論社）、『国際化時代の民族教育』（東方出版）、『統一コリアのチャンピオン』（集英社新書）、『異郷暮らし』（毎日新聞社）、『ルポルタージュ　在日＆在外コリアン』（解放出版社）他。訳書に『山河ヨ、我ヲ抱ケ――発掘・韓国現代史の群像（上・下）』（解放出版社）、『カレイスキー――旧ソ連の高麗人』（東方出版）他。ホームページ＝http://sangbong-net.hp.infoseek.co.jp

異郷の人間味《ひとみ》
架橋する在日外国人

2006年10月10日　初版第１刷発行

著　者――高賛侑
発行者――今東成人
発行所――東方出版㈱
〒543-0052　大阪市天王寺区大道1-8-15
TEL 06-6779-9571　FAX 06-6779-9573
装　幀――林眞理子
印刷所――亜細亜印刷㈱

ISBN 4-86249-029-8　乱丁・落丁はおとりかえいたします。